부서트리고 무너트리는 기름부으심

바바라 J. 요더 지음
김유태 옮김

THE BREAKER ANOINTING
by Barbara J. Yoder

Copyright ⓒ 2004 Barbara J. Yoder
Published by Regal Books
Gospel Light Ventura, California, U.S.A

Korean translation Copyright ⓒ 2005 by Pure Nard
2F 16, Eonju-ro 69-gil Gangnam-gu, Seoul, Korea

The Korean edition is published by arrangement with Regal Books.
All rights reserved.

본 저작물의 한국어판 저작권은 Regal Books와의 독점 계약으로 '**순전한 나드**'가 소유합니다. 저작권자의 허락없이 이 책의 일부 또는 전체를 무단 복제, 전재, 발췌하면 저작권법에 의해 처벌을 받습니다.

부서트리고 무너트리는 기름부으심

지은이 | 바바라 J. 요더
옮긴이 | 김유태

초판발행 | 2005년 3월 20일
9쇄 발행 | 2019년 2월 15일

펴 낸 이 | 허철
펴 낸 곳 | 도서출판 순전한나드
주   소 | 서울 강남구 언주로69길 16, (역삼동) 2층
등록번호 | 제2010-000128
총   괄 | 허현숙
도서문의 | 02) 574-6702
         Fax. 02) 574-9704
홈페이지 | www.purenard.co.kr

ISBN 978-89-91455-06-1 03230

부서트리고
무너트라는
기름부으심

> 구하라 그리하면 너희에게 주실 것이요
> 찾으라 그리하면 찾아낼 것이요
> 문을 두드리라
> 그리하면 너희에게 열릴 것이니
> 구하는 이마다 받을 것이요
> 찾는 이는 찾아낼 것이요
> 두드리는 이에게는 열릴 것이니라
> (마태복음 7:7-8)

# 부서트리고 무너트리는 기름부으심에 대한 **찬사**

영적 도약이 일어나기 전에 하나님께서는 부서트리는 자를 일으키신다. 그러나 외적인 부서짐이 있기 전에 하나님은 먼저 믿는 자의 삶 속에 내적 부서짐(brokenness)을 일으키신다. 바바라 요데는 부서트리는 기름부으심을 가져오는 예언자이다. 그녀를 통해 말씀을 전하는 자와 말씀이 하나로 묶인다.
이 전략적인 책을 통하여 영감과 계시를 받으라. 그리고 이 시대를 향한 하나님의 목적을 이루는 영적 도약의 도구로 쓰임 받으라.

짐 골
「다가온 예언의 혁명」, 「꿈의 언어」 저자
'열방을 위한 사역' 설립자

사도행전의 교회가 오늘날에도 똑같은 능력으로 이루어지기를 갈망하며 기도하는 사람이 있다면, 이 책은 바로 그러한 사람을 위한 책이다. 바바라 요데는 이 시대의 교회가 일어나기 위해 필요한 모든 성경적인 원리들을 간결하고도 쉽게 제시하고 있다. 이는 영적 도약을 위한 기름부으심이며 부서트리는 기름부으심으로 알려져 있다.
이 책을 읽으면서 독자들이 많은 격려를 받기 원한다. 그리고 이 시대에 맞게 제시된 지혜와 예언적인 통찰력을 삶에 직접 적용하기 바란다.

제인 한센
'어글로우 인터내셔널' 의 대표

우리 모두는 인생을 가로막는 장애물들을 가지고 있다. 이 장애물들은 개인, 가정, 교회, 도시, 나라들의 꿈과 운명이 이루어지지 못하도록 막아 서고 있다. 이 장애물들을 어떻게 극복해낼 것인가? 황급하게 다른 길을 모색하면서 포기하고 울면서 도망갈 것인가?

「부서트리고 무너트리는 기름부으심」에서 바바라 요더는 더 나은 대안을 제시한다. 예수님이 그 장애물을 날려 버리시게 맡겨라. 바바라 요더는 하나님과 함께함으로 앞의 장애물들을 제거하고 승리의 길로 나아가는 법을 가르쳐 준다.

더치 쉬츠
「역사를 만드는 사람들」과 「하늘과 땅을 움직이는 중보기도」의 저자
콜로라도 스프링스의 '스프링스 추수 휄로십' 교회 목사

나는 이 책 「부서트리고 무너트리는 기름부으심」을 너무나 좋아한다.
바바라 요더는 우리 삶에 하나님의 말씀을 적용함으로, 하나님의 부서트리는 기름부으심을 받고, 어떻게 모든 종류의 장애물을 무너트릴 수 있는지를 간단하게, 그러나 심오하게 설명해 주고 있다.

앨리스 스미스
「가려진 장막 뒤에」와 「영적인 집안청소」의 저자
'미국 기도 센터'의 실행 총무

모든 믿는 사람들이 하나님의 능력을 사용할 수 있다는 것을 이해하는 것은 오늘날 이 시대에 가장 필요한 지식이다. 바바라 요더의 「부서트리고 무너트리는 기름부으심」이라는 책은 하나님 나라의 능력을 불러오는 계시를 담고 있다. 하나님의 목적을 가로막는 모든 장애물과 방해를 부수고 전진하여 교회를 승리케 하는 계시이다. 이 책을 읽는 독자들은 새로운 열정으로 불타오르게 될 것이다. 하나님의 원대하신 목적을 이루고자 하는 모든 사람들에게 나는 이 책을 강력 추천하는 바이다.

바바라 윈트로블
「예언적인 중보기도」와 「당신의 기도에 영적 권위가 있습니까?」의 저자
'국제 영적 도약 사역'의 설립자

추천의 글

당신의 손 안에 들려 있는 이 책은 승리하기 원하는 모든 기독교인들을 위한 필독서이다. 이 책은 하나님께서 우리를 위해 마련하신 온갖 축복을 누리지 못하도록 막고 있는 모든 종류의 멍에를 꺾는 기름부으심에 관한 책이다.

오랫동안 기도했음에도 불구하고, 하나님의 약속이 현실로 나타나는 것을 보지 못하는 이유는 무엇일까? 우리의 인생을 향하신 하나님의 목적이 이루어지는 것을 당신은 경험하고 있는가? 저자인 바바라 요더는 하나님의 영광이 우리 인생에 들어옴으로 사람들과 도시가 변화되는 과정을 아주 상세히 설명해 주고 있다. 그녀에게 내린 계시는 미가서에 나오는 "길을 여는 자가 그들 앞에 올라가고 그들은 길을 열어 성문에 이르러서는 그리로 나갈 것이며 그들의 왕이 앞서 가며 여호와께서는 선두로 가시리라"는 말씀에 기반을 두고 있다.

영적인 도시의 문 앞에서는 엄청난 영적 전쟁이 벌어지고 있다. 오직 파쇄하는 기름부으심만이 그 막힌 문을 뚫고 지나가게 할 수 있다. 하나님의 축복이 들어오지 못하도록 막고 있는 사단의 세력과 조종을 깨뜨리는 성령님의 기름부으심만이 우리 인생과 도시와 지역을 축복의 홍수에 잠기게 할 수 있다. 「부서트리고 무너트리는 기름부으심」을 통하여 하나님 아버지의 영광이 독자들과 함께 할 때에, 이 책을 읽는 사람들의 영혼이 고무될 것이며, 이전에는 경험하지 못했던 영적인 돌파를 경험하게 될 것이다. 당신의 앞길을 가로막고 있는 모든 장애물들이 무너져 내리는 것을 바라보며 뚫고 나간 곳에서 당신을 기다리고 있을 엄청난 하나님의 풍성함을 기대하라!

척 피어스
'국제 시온의 영광 사역' 대표
'열방 추수 사역' 부총재

Contents

chapter 01 들어가는말 13
한계를 뛰어넘지 못함 │ 영적 분위기 파악 │ 파쇄하는 자를 인정함

chapter 02 사도적인 교회의 축복 19
셋째 날의 교회 │ 사도적 교회의 회복과 임무 │ 사도: 보내심을 받은 자들 │ 신종 기독교인들

chapter 03 부서트리는 하나님 31
교회 지도자들의 딜레마 │ 새롭고 급진적인 세대 │ 부서트리시는 하나님: 부수고 길을 여시는 분 │ 성경에 나타난 뚫고 지나가는 본보기 │ 사도적 교회에 내리는 핵심 기름부으심

chapter 04 난관 파쇄와 축복이 터짐 43
성경에서 '파라쯔'의 나타남은 계시가 풀어짐을 의미한다 │ 성령의 능력은 새로운 땅으로 뚫고 들어가게 한다 │ 하나님의 계시를 제한하는 것이라면 무엇이든지 깨뜨려야 한다 │ 파쇄하는 자는 부와 증대를 가져온다 │ 영적으로 무장된 마음이 필요하다

chapter 05 깨뜨림과 문들 57
교회는 하늘과 땅을 연결시키는 하늘의 문이다 │ 구약에 기록된 '문'은 구조와 목적을 가지고 있다 │ 문 앞에서는 전투가 벌어진다 │ 건너가기 위해 필요한 것들 │ 우리들은 궁극적으로 승리하거나 패배할 것이다 │ 지옥의 문은 창대케 되지 못하리라

chapter 06 좁은 공간에 끼어버림   77
문 앞에 선 자들의 심리적인 상태를 파헤침 | 좁은 곳을 이해하기 | 좁은 곳을 정의하기 | 새로운 역사를 창조하기 위한 기회를 발견해내기 | 문턱에서 두려움이 아닌 믿음을 설립하기 | 저항을 깨뜨리기 | 새로운 기름부으심이 필요함 | 미래를 받아들이기 위해 과거를 내보내기

chapter 07 장애물이 무너져 내린 결과   91
파쇄하고 돌파하시는 분이 바로 우리 앞에 계신다 | 한계의 극복이 교회에 미치는 영향 | 예수님의 첫 번째 기적은 영적인 돌파였다 | 모세의 순종은 난관을 뚫고 지나가게 하였다 | 교회는 이제 영적으로 폭발하기 일보 직전이다 | 하늘의 기업이 땅으로 떨어진다

chapter 08 문 앞에서 탄생하는 사도적인 교회   107
교회의 통과해 나옴: 교회의 탄생 | 사도적 교회의 목적 | 결단의 시점 | 문 앞에 선 국가: 바알브라심이 깨져나감 | 예언적 바람의 능력 | 다윗 군대의 능력

부록 영광의 입구   115
하나님이 임재하시기 위하여 지상으로 내려오시는 통로 | 영광의 왕의 들어오심을 위해 문이 열림 | 동의함의 능력 | 땅이 기뻐 뛰놀며 | 언약의 갈등 | 언약의 축복들 | 야곱의 사다리

chapter 01

들어가는 말

1970년, 나는 웨인 주립대학에서 대학원 공부를 하기 위해 위스콘신에서 미시간의 디트로이트로 이주하였다. 내가 도착하자마자 친구는 나를 자신의 교회인 베데스다 선교 교회로 인도하였다. 그렇지만 나에게는 그 예배의 광경이라는 것이 참으로 생소한 것이었다. 전통적인 복음주의 교회에서 자라난 나는 그러한 종류의 예배에 친숙하지 않았다.

그 예배의 특이한 점들이 약간의 의심을 불러일으켰지만, 그럼에도 불구하고 그 예배는 온통 나의 시선을 사로잡았다. 사람들이 박수를 치면서 찬양하는 모습이 얼마나 열정적이었는지 내게는 감당할 수 없을 정도로 강렬했다. 하나님의 위대하심보다 자신들의 열정을 더 앞세우는 사람들 같다는 느낌마저 받았다. 그래서 나는 그곳을 빠져나오려고 했다. 그런데 갑자기 이상한 광경이 눈앞에서 펼쳐졌다.

사람들이 각자 나름대로 하나님을 찬양하기 시작하는 것이었다. 아주 자연스럽고도 자발적으로 말이다. 마치 천사가 그 자리에서 함께 찬양하는 것같이 느껴졌고, 갑자기 나는 내가 처음으로 회심하던 바로 그날 밤, 그 시점으로 돌아가는 듯한 경험을 했다. 그날 이후로 나는 무슨 이유인지도 정확하게 모른채 매주 그 교회의 예배에 참석하게 되었다. 무엇인가 나의 지적인 껍질의 단단함을 '뚫고 지나간'(broken-through) 것 같은 느낌이 들었기 때문이다.

3,500명이 모이는 그 교회의 설립자이자 담임목사는 미르틀 D. 빌 목사였다. 80세의 나이에도 불구하고 그녀는 아주 놀라운 목회를 하고 있었다. 주일 아침마다 다른 사람이 밀어 주는 휠체어를 타고 와서는 강단에 앉아 설교를 했다. 영적으로 불타는 그녀의 설교들을 통해 완전히 이해하지는 못했지만, 많은 것들이 나의 영혼 속으로 스며들어오는 것을 경험했다.

한계를 뛰어넘지 못함

어느 주일에 예기치 못한 신비한 일이 발생했다. 예배가 시작될 때부터 뭔가 이상하다는 느낌이 들었다. 이해할 수 없는 답답함, 뚜껑을 덮어씌운 듯한 느낌, 짓누름, 억눌림 같은 것이 느껴졌다. 정확하게 표현할 수는 없지만, 어딘가 막혀 있는 듯한 느낌이었다. 은혜의 강물이 전혀 흐르지 않았다.

나는 그날의 경험을 잊을 수가 없다. 무거운 짓누름이 예배당을 메웠을 때, 누군가 빌 목사님의 휠체어를 밀고 강대상으로 올라왔다. 사실 나는 그 상황을 이해할 수 없었다. 왜냐하면 아직 목사님이 설교할 차례가 아니었기 때문이다. 그러나 빌 목사님의 눈빛과 몸짓에는 비장하고도 단호한 결심의 빛이 보였다. 빌 목사님은 오른손을 들어 회중을 향하여 크고도 권위 있는 선포를 하셨다. "하—루쉬!" 그때 나는 의자에서 거의 튕겨 나갈 뻔했다. 회중 위에는 고요가 머물렀고, 잠시 뒤 모든 무거움과 짓누름이 사라지면서 훨씬 가벼워진 공기를 느낄 수 있었다. 사람들은 다시 찬양하며 자발적으로 경배하기 시작했다.

영적 분위기 파악

처음으로 '부서트리고 무너트리는 기름부으심'을 체험했을 때, 나는 그것이 무엇인지 알지 못했다. 그것은 갑작스레 영적인 분위기를 쇄신시켰으며, 느낄 수 있을 정도로 편안한 기분을 창출해냈다. 언제든지 무기력함이나 답답함의 영이 예배를 짓누를 때면, 빌 목사님은 "하—루쉬!"라고 선포하셨고 그때마다 영적인 기류가 바뀌었다.

70년대였던 그 당시에는 '부서트리고 무너트리는 기름부으심'(The Breaker Anointing)에 대해 무지했다. 그러나 기름부으심이 이사야서 10장 27절에 기록된 말씀처럼, 모든 멍에를 꺾는다는 것쯤은 이해하고 있었다. "그날에 그의 무거운 짐이 네 어깨에서 떠나고 그의 멍에가 네 목에서 벗어지되 기름진 까닭에 멍에가 부러지리라." 빌 목사님의 선포는 일종의 기름부으심으로 억압(속박, 제재)으로부터 우리를 해방시키는 영적인 기류라는 정도만 이해했던 것이다.

파쇄하는 자를 인정함

이제는 그러한 영적인 현상이 일종의 기름부으심이라는 것을 안다. 미가서 2장 13절의 "길을 여는 자가 그들 앞에 올라가고 그들은 길을 열어 성문에 이르러서는 그리로 나갈 것이며 그들의 왕이 앞서 가며 여호와께서는 선두로 가시리라"는 말씀처럼, 이것은 우리 안으로 들어오시는 하나님의 파쇄하는 기름부으심이다. 하나님은 자신을 파쇄하는 자(the Breaker)로 우리에게 계시하신다. 그러므로 The Breaker(파쇄하는 자, 깨뜨리는 자)는 하나님의 성호 가운데 하나이다.

빌 목사님의 지도 하에 나는 파쇄하시는 하나님의 현시(manifestation)를 많이 경험하며 영적으로 성장하였다. 특별히 빌 목사님의 목회 사역을 통해 적어도 500명 정도의 알코올 중독자가 갱생하는 것을 직접 목격했다. 하나님의 능력을 체험하고자 하는 자, 특히 과거의 악한 습관이나 모든 종류의 억압과 속박으로부터 벗어나고자 하는 사람들을 위한 사역은 참으로 놀랍고도 보람된 일이었다. 개인적으로나 집단적으로 자유와 해방의 놀라운 역사를 창출해 냈다.

예수님께서는 공생애를 시작하실 때, 자신이 앞으로 할 일들의 내용을 다음과 같이 정의하셨다. "주의 성령이 내게 임하셨으니 이는 가난한 자에게 복음을 전하게 하시려고 내게 기름을 부으시고 나를 보내사 포로 된 자에게 자유를 눈먼 자에게 다시 보게 함을 전파하며 눌린 자를 자유롭게 하고." 나는 예수님이 그러한 사역들을 감당하실 수 있었던 이유 중 하나가 다름 아닌 성령님의 파쇄하는 기름부으심 때문이었다고 믿는다.

> 영적인 돌파란
> 강하고 악한 자의 다스림이
> 무너지는 것을 의미한다.

빌 목사님을 통해서 나는 교회에 하나님의 파쇄하는 기름부으심이 임하게 하는 법을 배웠다. 그러나 파쇄하는 기름부으심은 개인이나 지역교회에만 임하는 것이 아니라, 지역과 사회에도 임한다.

• 파쇄하는 기름부으심은 교회와 도시의 구조 자체를 바꾸어 놓는다

파쇄하는 기름부으심에는 지역적인 국면이 있다. 조지 오티스는 그의 저서 「정보화된 중보기도」에서 지역을 지배하는 영들과의 영적 전쟁을 다루었다. 그는 파쇄하는 기름부으심을 통해 임하는 영적인 돌파를 말하면서, 그것을 부흥의 제2단계로 간주한다. 처음에는 거점(교두보, 발판, 출발점)이 마련된다. 그 다음에 영적인 돌파가 이루어진다. 영적인 돌파란 강하고 악한 자의 다

스림이 무너지는 것을 의미한다. 그러한 영적인 돌파로 말미암아 사람들의 수용성을 방해하던 장벽이 허물어지고, 복음이 홍왕케 되며, 수많은 개종이 이루어진다. 그러면 교회는 작고 미미한 상태를 극복하고, 사회적인 영향력을 발휘하는 강력한 단체로 탈바꿈하게 된다. 일단 막고 있던 세력이 허물어지면, 사람들은 교회 안으로 홍수같이 몰려들어온다. 결과적으로, 교회는 그 지역에서 존경을 받으며 영향력을 행사하게 되는 것이다.

- 파쇄하는 자가 이제 변화를 몰고 온다

이 책은 파쇄하는 자와 영적인 돌파에 관한 책이다. 이 기름부으심은 개인과 도시에 큰 영향을 미치는데, 지역의 정치적·사회적인 구조가 바뀌기도 하고 전 도시의 믿음 체계에 변화가 오기도 한다. 처음에는 개인적으로 시작할지 모르지만, 결국은 전체로 확산되어 모든 교회와 사회의 표본이 될 것이다. 파쇄하는 기름부으심은 개인과 교회, 사회를 변하게 함으로써 사회 변혁의 중추 역할을 담당한다. 그러므로 우리가 사는 지역이 진정으로 변화되기를 바라는 심령들은 파쇄하는 기름부으심을 간절히 사모하라!

chapter 02

사도적인 교회의 회복

하나님께서 사도신경에 기록된 신약성경의 교회를 회복시키킬 장엄한 날들이 다가오고 있다. 나는 그 신약성경의 표본적인 교회를 사도적인 교회라고 지칭한다. 사도적인 교회로의 복원이 현대사회에서 발생하기 때문에, 사도행전 시대와는 다른 문화와 배경 속에서 발생하게 된다.

그러나 그 강도, 능력, 지혜, 동기를 유발시키는 힘의 핵심에는 하등의 차이가 없다. 왜냐하면 양쪽 다 성령의 능력과 그리스도 안에서 우리의 정체성에 그 기반을 두고 있기 때문이다. 이러한 회복은 교회를 떠오르게 하고, 이 시대에 크게 쓰임 받는 교회로 변화시킬 것이다. 그러한 회복은 이미 전 세계적으로 여러 나라에서 발생하고 있다.

셋째 날의 교회

오늘날 수많은 기독교 지도자들이 사도적인 교회의 회복에 대해 선포하며 글을 쓰고 있다. 이러한 회복은 교회가 수동적이고 침체된 분위기에서, 적극적이고 영적인 능력을 소유한 활발한 공동체로 변화되는 과정을 말한다. 「교회의 미래의 전쟁」(The Future War of the church)이라는 책에서 척 피어스는 셋째 날의 교회에 관한 내용을 다루었다. 주로 호세아 6장 1-2절의 내용이 그 예언의 중심이다. "오라 우리가 여호와께로 돌아가자 여호와께서 우리를 찢으셨으나 도로 낫게 하실 것이요 우리를 치셨으나 싸매어 주실 것임이라 여호와께서 이틀 후에 우리를 살리시며 셋째 날에 우리를 일으키시리니 우리가 그의 앞에서 살리라."

예수님이 교회를 설립하신 지 두 번째 천년 기간에도, 하나님은 우리를 부흥시키셨다. 하나님이 교회에 생명을 불어넣으신 것이다. 물론 마틴 루터가 종교개혁을 단행했을 때에도 성령의 불은 붙었다. 종교개혁은 교회사에 전환을 가져왔다. 이제 우리는 세 번째 천년 기간으로 접어들었다. 예언적으로 말하자면, 세 번째 천년 기간은 호세아가 예언한 셋째 날과 관련이 있다. 그날은 여호와께서 우리를 살리시고, 일으키시며, 그분 앞에서 살게 하시는 때이다.

셋째 날에 하나님께서 우리를 다시 살리신다는 예언은 또한 에스겔 37장과도 관련이 있다. 에스겔은 죽음의 골짜기에서 마른 뼈들을 보았다. 그러나 갑자기 기적적인 일이 발생했다. 뼈들이 소리를 내더니, 서로 연합하고, 몸으로 변화되는 광경이 펼쳐졌다. 생기가 그들에게 공급되면서 그들은 다시 살아났다. 일단 생명이 다시 회복되는 과정을 겪고 나면, 그 무리는 하나님의 군대로 변화된다. 그들은 다시 생기를 회복했을 뿐만 아니라, 공동체적인 힘을 발휘하는 강력한 집단으로 회생한 것이다. 셋째 날의 교회는 바로 그러한 모습을 지니게 될 것이다. 하나님의 강력한 영적인 군대로 일어선다는 것이다.

오늘날의 교회는 문화전쟁을 벌이고 있으며, 사회에 영향력을 끼칠 수 있는 한계에 부딪혀 있다. 교회는 그저 개인과 가정이라는 울타리 안에서만 작용하며, 신앙의 선배들과는 달리, 사회의 개혁과 변화에 급진적인 영향력을 미치지 못하고 있다. 교회가 도리어 세상의 문화에 굴복하고, 교회 본래의 사명과 능력을 상실하고 있는 것이 현재 상황이다.

> 사도적인 교회로의 회복이란,
> 교회가 수동적이고 침체된 분위기에서
> 적극적이고 영적인 능력을 소유한
> 활발한 공동체로 변화되는 과정을 말한다.

그러나 최근 많은 교회들이 죽음의 골짜기에서 일어서고 있다. 무기력과 혼수상태에서 깨어나, 새로운 계시를 받고, 교회의 본래 목적을 새롭게 회복하고 있는 중이다.

사도행전의 교회는 예언자들과 교사들이 사도들과 협력하여 일구어 놓은 담대한 교회였다. 사회에 순응하거나 세상의 문화와 동질화되어 아무런 영향력도 미치지 못하는 그런 교회가 아니었다. 그들은 세상의 권력에 아부하지 않았고, 세상의 문화에 눌리지도 않았다. 교회는 정치적인 방법과 같은 이차적인 도구를 사용하여 세상을 변혁시키는 기관이 아니다. 교회는 담대하게 그리스도의 복음을 외치고 실천하면서 일차적인 수단으로 세상을 뒤집어엎는다. 교회는 먼저 인간의 영혼을 변화시키면서 사회도 변화시키는 기관이다.

사도적 교회의 회복과 임무

하나님은 교회를 변화시키시는 분이다. 하나님은 이 시대 가운데 사도, 예언자, 교사들을 다시 일으키셔서 신약시대의 교회를 회복하실 것이다. 고린도전서 12장 28절에 보면 "하나님이 교회 중에 몇을 세우셨으니 첫째는 사도요 둘째는 선지자요 셋째는 교사요 그 다음은 능력을 행하는 자요 그 다음은 병 고치는 은사와 서로 돕는 것과 다스리는 것과 각종 방언을 말하는 것이라"고 기록되어 있다. 교회가 신약시대와 같은 모습으로 복원되면, 말씀에 기록된 대로, 기적과 치유와 그밖에 다른 많은 성령의 은사들이 터져나올 것이다. 사도적인 정부가 수립되면, 하늘로부터 많은 축복이 쏟아져 내릴 것이다.

사도행전을 통해 우리는 사도들에게 맡겨진 임무를 알 수 있는데, 사도들은 지역을 영적으로 다스리며 장악한다. 이전에 복음화되지 못한 땅으로 들어가서 마귀의 권세를 무너뜨리고, 하나님께 불순종하던 세력을 부서뜨린다. 그럼으로써 사람들을 해방시키고, 구원받는 사람들의 숫자를 늘리며, 교회를 설립함으로 그 임무를 완수한다. 그리고 마지막으로 하나님 나라의 목적을 이루기 위해 성도들을 훈련시키고 파송하는 것이다.

사실 지상명령은 아담과 하와가 에덴동산에 있을 때부터 주어진 것이다. "하나님이 그들에게 복을 주시며 하나님이 그들에게 이르시되 생육하고 번성하여 땅에 충만하라 땅을 정복하라 바다의 물고기와 하늘의 새와 땅에 움직이는 모든 생물을 다스리라 하시니라"(창 1:28). 본래부터 인간은 그렇게 만들어졌다는 뜻이다. 그러므로 하나님의 사람들은 항상 아래와 같은 질문을 하며 살아가야 한다. "어떻게 하면 내가 열매를 맺고, 생육하고, 번성하며, 복음으로 온 땅을 채우며 다스리겠는가?" 바꿔 말하면, "어떻게 하면 하나님 나라를 번성케 할 수 있는가?" 이다.

사도 : 보내심을 받은 자들

'사도'는 헬라어로 '아포스톨로스'인데, '보내심을 받은 자'라는 뜻이다. 이들은 그리스도의 전권과 능력으로 파견된 사절단 내지는 대사들이다. 이들은 사명을 완수하기 위해 특별히 선택된 무리로, 자기의 권위로 일하는 사람들이 아니다.

고린도후서 12장 12절은 사도들에게 주어진 하나님의 특별한 능력에 대하여 말씀한다. 사도의 특징 중 하나는 기적과 이적, 표적을 행하는 능력이 나타난다는 것이다.

> 사도의 표가 된 것은 내가 너희 가운데서 모든 참음과 표적과
> 기사와 능력을 행한 것이라

믿는 신자들은—사도는 아니지만—사도와 비슷한 부르심을 받고 있다. 사도적인 사람들은 부르심을 받고 구별되어, 구체적인 사명을 완수하기 위해 기적적인 능력을 덧입고, 하나님에 의해 세상에 보내진 사람들이다. 다시 말하자면, 사도적인 사람들은 (1) 하나님으로부터 부르심을 받고 (2) 하나님에 의해 구별되어 (3) 하나님에 의해 세상으로 보내심을 받은 자들이다. 이들에게는 하나님 나라의 목적을 이루기에 충분한 권세가 주어졌다. 이들은 마귀의 권세를 대적하고 하나님의 능력으로 세상을 다스리는 자들이다. 그 목적을 달성하기까지, 목표가 이루어지는 과정을 통해, 기적적인 능력들이 나타날 것이다.

> 사도적인 사람들이란
> 부르심을 받고 구별되어,
> 구체적인 사명을 완수케 하기 위해
> 기적적인 능력으로 덧입고,
> 하나님에 의해서 세상에 보내진 사람들이다.

새로운 부류의 그리스도인들

미국에 존재하는 교회들은, 비록 비성경적이기는 하지만, 방관자와 구경꾼으로 전락하고 말았다. 직업적인 목회자들은 교회가 성장하는 것을 바라볼 책임이 있다. 그러나 사도적인 교회의 부상과 함께, 새로운 세력이 떠오르고 있다. 그들은 평신도들로, 놀라운 능력을 겸비하고, 사도적인 리더들로 떠오르며, 교회를 세워 간다.

이 새로운 부류의 그리스도인들은, 사도적인 임무를 띠고 교회에 대해 하나님이 말씀하시는 대로 따르기로 결심한다. 이들은 그리스도의 심장을 가지고, 누가복음 4장 18-19절에 기록된 예수님의 지상사역을 간직한 무리들이다. 승천하시기 전 예수님은 제자들에게 명령하셨다. "그러므로 너희는 가서 모든 민족을 제자로 삼아 아버지와 아들과 성령의 이름으로 세례를 베풀고 내가 너희에게 분부한 모든 것을 가르쳐 지키게 하라 볼지어다 내가 세상 끝날까지 너희와 항상 함께 있으리라 하시니라"(마 28:19-20). "또 이르시되 너희는 온 천하에 다니며 만민에게 복음을 전파하라"(마 16:15).

누가복음 4장 18-19절에는 "주의 성령이 내게 임하셨으니 이는 가난한 자에게 복음을 전하게 하시려고 내게 기름을 부으시고 나를 보내사 포로 된 자에게 자유를 눈먼 자에게 다시 보게 함을 전파하며 눌린 자를 자유롭게 하고 주의 은혜의 해를 전파하게 하려 하심이라 하였더라"라는 말씀도 나온다.

사도적인 새로운 부류의 그리스도인들은 세상을 뒤흔들어 놓는 사람들이다. 이들은 개인의 삶에만 감동과 변화를 일으키는 것이 아니라, 도시와 국가에도 변화를 초래한다. 하나님께서 이 세상을 흔들어 움직이는 자들을 사용하셔서 국가와 도시를 변화시키신다는 사실을 진지하게 받아들이는 사람들이다. 이들은 믿음, 확신, 그리고 담대함과 용맹을 떨치는 활동으로 역사를 나타낸다.

- **천국을 뒤흔들고 움직이는 사람들**

사도적인 교회의 메시지는 하나님 나라(주님이 다스리시는 왕국)에 관한 내용을 담고 있다. 예수님은 왕국이 도래할 때의 격렬하고도 맹렬한 강도에 대해 말씀하셨다.

> 세례 요한의 때부터 지금까지 천국은 침노를 당하나니 침노하는 자는 빼앗느니라(마 11:12)

위의 구절이 뜻하는 것은 무엇인가? 마치 분노한 사람들이 무기를 들고 폭력을 행사하는 것 같은 인상을 준다. 스트롱의 헬라어 사전은, '침노하다' 라는 단어의 뜻을 '강압하다, 억누르다, 활력과 능력이 넘치다, 몰려들어가다' 로 해석한다. 굿스피드라는 학자는 '폭풍이 몰아치듯이 사람이 하나님의 나라로 빨려들어간다' 고 번역했고, 윌리엄의 신약성경은 '값비싼 것을 취하듯이 사람들이 마구 달리든다' 고 번역했다.

다른 말로 하면, 믿는 사람들이 하나님 나라가 이 땅에 임하게 하려는 사도적 사명감에 불타올라서 사회와 세상 가운데로 활기차게 몰려 들어가는 것을 묘사한다고 할 수 있다. 그 결과 하나님의 왕국은 다른 모든 종류의 왕국을 압도하고, 거꾸러뜨릴(전복하고 멸망시키고 타도하고 정복할) 것이다.

하나님이 이 땅을 뒤흔드시는 역사를 일으키실 때에 사용하실 새로운 부류의 그리스도인들이 떠오르고 있다. 이들 믿음의 사람들은 마치 '시온의 영광'이라는 팀의 경배와 찬양 가사처럼, "하늘에서 우르르, 땅에서도 우르르 소리가 울려 퍼지게 할 것이다." 존 딕슨이 이끄는 '시온의 영광'은 이 나라에서 가장 예언적인 찬양을 부르는 CCM 가수들로, 하늘의 소리를 지상으로 전달하고 있다. 피터 와그너 박사가 말하는 소위 새로운 종교개혁 같은 것을 준비하는 사람들이라고 볼 수 있다.

- **새로운 기름부으심**

이러한 사역을 완수하기 위해선 급진적인 기름부으심이 필요하다. 그 기름부으심으로 인해 복음전파를 방해하는 모든 종류의 장애물들이 무너지고, 개인과 지역에 구원의 강물이 넘쳐나게 될 것이다. 하나님의 의도는 약간의 변화를 주는 정도의 기름부으심이 아니다. 개인이나 집단이 감당할 수 없을 정도로 부어 주시는 축복이다(히 7:25). 그러한 기름부으심은 개인과 교회의 발목을 붙잡고 있던 것들을 떨쳐 버리게 함으로써 교회를 광야에서 가나안 땅으로 들어오게 할 것이다. 시편 기자는 "여호와의 소리가 광야를 진동하심이여 여호와께서 가데스 광야를 진동시키시도다"(시 29:8)라고 했다. 예수님은 말씀이시고, 그리스도이시며, 기름부음 받으신 분이다.

그러므로 말씀이신(요 1:1) 예수님께서 큰 소리로 광야를 흔드실 때, 흔들고 부서트리는 기름부으심의 역사가 일어난다. 하나님의 말씀이 기름부으심으로 임할 때, 하나님은 편안하고 게으른 상태에서 우리를 흔들어 깨우고 움직이게 하신다.

욥기 37장 2-5절을 읽어 보자.

하나님의 음성 곧 그의 입에서 나오는 소리를 똑똑히 들으라 그 소리를 천하에 펼치시며 번갯불을 땅 끝까지 이르게 하시고 그 후에 음성을 발하시며 그의 위엄 찬 소리로 천둥을 치시며 그 음성이 들릴 때에 번개를 멈추게 아니하시느니라 하나님은 놀라운 음성을 내시며 우리가 헤아릴 수 없는 큰 일을 행하시느니라

그리스도 예수, 즉 기름부음 받은 자의 목소리가 천둥 치듯이 들려올 때가 있다. 그 천둥은 우리 인간들을 존재의 중심으로부터 흔들어 놓는다. 큰 우렛소리와 같은 그 음성은 우리를 편안하게 안주하는 곳에서 끌어내어 하나님이 창조하신 목적을 이루는 자리로 옮겨 놓는다. 진짜 하나님의 음성을 들을 때, 인간 존재의 중심은 흔들리고, 인간은 변하게 되어 있다. 틀에 박히고 상투적인 사고방식, 생활습관, 아무 의미 없는 전통들이 바뀌고, 하나님의 약속을 취할 수 있는 새로운 자리로 옮겨진다.

> 큰 우렛소리와 같은 그 음성은
> 우리를 편안하게 안주하는 곳에서 끌어내어
> 하나님이 창조하신 목적을 이루는
> 자리로 옮겨놓는다.

가나안 정복은 여호수아라는 지도자의 인도 하에, 하나님께서 미리 약속하신 땅을 획득하는 과정이었다. 그 땅에서 그들은 번창할 수 있었다. 그러므로 우렛소리와 같은 하나님의 음성은 바로 한계를 극복하게 하는 부서트리고 무너트리는 기름부으심이다. 이것은 사도적인 사명을 완수하기 위해서 반드시 필요한 종류의 기름부으심이다. 이는 천국을 향하여 전진하면서 장애물을 뚫고 지나가기를 갈망하는 모든 사도적인 백성에게 주어지는 기름부으심 중에 대표적인 것이다.

믿는 자에게 닥치는 모든 난관을 극복하고 도전과 기회들을 취하게 하는 기름부으심이 바로 부서트리는 기름부으심(breaker anointing)이다. 우리는 하나님 나라를 이 땅에 세우는 일에 각 시즌마다 카이로스(때, 시간)의 도전에 직면한다. 다른 말로 하면, 매번 영적인 돌파의 기회가 주어질 때마다, 뚫고 지나가지 않으면 안 되는 장벽이 우리를 가로막고 있다는 것이다. 새로운 기회는 매번 역경과 도전을 통과해 나가야만 비로소 주어진다. 그것을 통과해 나가려면 하나님의 특별한 기름부으심이 필요하다. 하나님은 그리스도의 새로운 계절이 오도록 하는 일에 있어서, 우리에게 뚫고 지나가게 하는 기름부으심의 역사를 일으키시는 분이다.

chapter 03

부서트리는 하나님

　지도력을 발휘하는 것을 두려워하는 목회자가 이끄는 교회는 변화를 받아들여야 한다. 또 적극적인 참여 없이 구경꾼으로 머물러 있는 교인들로 구성된 교회도 마찬가지이다.
　오늘날 교회는 세상에 어떤 영향력을 행사하기보다는 현상 유지에 모든 신경을 쓰고 있다. "내가 교회를 통해 무슨 유익을 얻을 것인가?" "내가 교회로부터 무슨 도움을 받을 것인가?" "내가 어떻게 하면 축복을 받을 것인가?" "내가 교회를 출석함으로 더 기분이 좋아질 수는 없을까?" 이렇듯 "내가…?"라는 그릇된 태도들이 만연해 있다. 그러나 지금은 하나님의 예언자들이 이끄는 하나님의 마음을 닮은 새로운 부류의 그리스도인들이 떠오르고 있다.

교회 지도자들의 딜레마

많은 목회자들이 과거의 상처와 고통으로 인해 두려움과 불신앙을 가진 성도들을 달래면서 그들의 비위를 맞추느라 정신이 없다. 「생명의 강물」이라는 책에서 프랜시스 프랜지팬은 교회가 도시를 위한 교회로 탈바꿈하려 할 때에 목회자가 직면하는 어려움에 관하여 기록하고 있다. "많은 목회자들이 처음 목회지로 향할 때에는, 내적으로 들리는 계시를 통해 그 목회지를 포함한 도시를 취할 수 있도록 하나님께서 허락하셨다는 음성을 듣는다." 그러나 실제 목회를 해 나가면 다른 종류의 음성이 들려오고, 원래의 뜻이 저지당하는 것을 경험하게 된다. 프랜지팬은 다윗도 예루살렘을 취하러 올라갈 때 그와 비슷한 경험을 하였다고 기록한다. 여호수아 때부터 사사 시대에 이르기까지 정복하지 못하고 있던 여부스 족속의 땅을 치러 할 때에 이기지 못할 것이라는 부정적인 음성들이 들려왔다는 것이다. 프랜지팬은 이렇게 설명한다.

이스라엘의 수많은 영웅들이 여부스 족속을 몰아내고자 투쟁했으나, 여호수아로부터 사사들에 이르기까지 아무도 성공을 거두지 못했다. 그러므로 여부스 족속이 다윗이 자신들의 중심 도시인 예루살렘을 치러 올라온다는 소식을 들었을 때 얕잡아 보며 경멸을 표시한 것은 당연한 일이었다. "왕과 그의 부하들이 예루살렘으로 가서 그 땅 주민 여부스 사람을 치려 하매 그 사람들이 다윗에게 이르되 네가 결코 이리로 들어오지 못하리라 맹인과 다리 저는 자도 너를 물리치리라 하니 그들 생각에는 다윗이 이리로 들어오지 못하리라 함이나"(삼하 5:6).

오늘날에도 이와 비슷한 소리가 들려온다. 과거에 이미 다 해보았으나 안 되었다면서 앞으로도 안 된다는 것이다. 상처, 분열, 비전 없음, 두려움은 있으나, 필요성과 절박함은 감지하지 못한 채, 많은 교회들이 앞으로 나아가지 못하고 있다. 그러나 다윗은 그러한 저항(반대, 적대, 대립)을 극복한 지도자이다. 다윗을 막을 자가 없었다. 그는 하나님의 마지막 적수를 무너뜨리고 용맹을 떨친 사도적인 지도자였다. 상처 입은 자들의 울부짖음이나 비전이 없는 자들의 불평에도 아랑곳하지 않고, 다윗은 자신이 해야 할 일을 해냈다. 하나님께서 전진하라고 하셨기에 전진했고, 그러자 부서트리고 무너트리시는 하나님께서 다윗보다 앞서 가시며 활동하셨다.

새롭고 급진적인 세대

오늘날 교회 가운데 새로운 세대가 떠오르고 있다. 이 세대는 급진적인 무엇이 자신들의 마음을 동요시키고 있음을 느낀다. 이들은 현실유지에 급급하고, 오직 자신만 축복 받겠다고 고집을 부리며, 침체되고, 죄와 타협하는 신앙과 교회에 싫증을 내는 세대이다. 이 세대는 성경을 읽을 때면, 사도적 교회의 열정이 그들의 마음속에서 불같이 활활 타오름을 느낀다. 성경에 기록된 초대교회에서 일어났던 일들이 오늘날에도 일어나는 것을 보기 원하며, 종교적인 것도 전통적인 것도 중요하게 생각하지 않고 오직 믿음의 선한 싸움을 싸우기 원한다.

또한 이 세대는 복음서의 예수님이 기존 사회의 질서를 유지시켜 주고, 종교를 뒷받침해 주며, 불평등을 조장하고, 우상을 그대로 두는 분이 아니라고 확신한다. 이 믿음에 기초하여 하나님의 적들에게 관대한 아량을 베풀지 않으며, 복음으로 죄와 대항하고, 인간의 영혼을 붙들고 있는 마귀와 전쟁을 벌인다. 사회나 집단을 묶고 있는 악습이 있다면 대결하여 깨트리는 세대인 것이다.

> 현실유지에 급급하고,
> 오직 자신만 축복 받겠다고 고집을 부리며,
> 침체되고, 죄와 타협하는 신앙과 교회에
> 싫증을 내는
> 새로운 부류의 그리스도인들이
> 떠오르고 있다.

이들이 믿는 하나님은 세상을 흔들고, 동요시키며, 변화시키고 국가를 변혁시키시는 하나님이다. 이들은 예수 그리스도의 교회를 침략하는 세력으로 만드는 사람들이다. 이들의 하나님은 이스라엘을 애굽의 억압으로부터 탈출시켜 약속의 땅으로 인도하여 안주하게 하신 하나님이다. 하나님은 가나안 사람들과 타협하지 않으시고, 그들을 끊어 없애시며, 그들의 소유를 탈취하셨다 (출 23:23).

이들의 하나님은 "길을 여는 자가 그들 앞에 올라가고 그들은 길을 열어 성문에 이르러서는 그리로 나갈 것이며 그들의 왕이 앞서 가며 여호와께서는 선두로 가시리라"고 말씀하신 바로 그 하나님이다. 이 하나님은 장벽의 문을 부수고 한계의 벽을 허무신다. 바울은 골로새서 2장 10절에서 "너희도 그 안에서 충만하여졌으니 그는 모든 통치자와 권세의 머리시라"고 하였고, 15절에서는 "통치자들과 권세들을 무력화하여 드러내어 구경거리로 삼으시고 십자가로 그들을 이기셨느니라"고 하였다. 이들이 믿는 하나님은 그리스도 예수 안에서 통치자들과 권세자들의 무기를 빼앗으시고 그들을 무기력하게 만드시는 하나님이다. 하나님은 모든 권능과 권세의 근원이실 뿐만 아니라, 예수님의 죽으심과 부활하심을 통하여 마지막으로 승리를 취하시는 분이다.

부서트리시는 하나님: 부수고 길을 여시는 분

미가서 2장 13절에는 "길을 여는 자가 그들 앞에 올라가고 그들은 길을 열어 성문에 이르러서는 그리로 나갈 것이며 그들의 왕이 앞서 가며 여호와께서는 선두로 가시리라"고 기록되어 있다. 다른 말로 하면, 하나님 앞에는 막혀 있는 것이 없다는 것이다. 하나님께서 우리에게 뚫고 지나가라고 명령하신다면, 비록 막혀 있는 것 같아도, 결국 뚫고 지나가게 되어 있다. 우리와 함께 하시는 분은 평범한 존재가 아니시다—그분은 우리보다 앞서 가시며 막혀 있는 곳을 부서트리시는 만왕의 왕이시다. 에스겔 21장 22절은 "오른손에 예루살렘으로 갈 점괘를 얻었으므로 공성퇴를 설치하며 입을 벌리고 죽이며 소리를 높여 외치며 성문을 향하여 공성퇴를 설치하고 토성을 쌓고 사다리를 세우게 되었나니"라고 기록한다. 성문을 부서트리는 자는 공성퇴를 사용한다. 그러므로 하나님은 공성퇴를 오른손에 들고 한계의 문을 부서트리는 분이시다.

'부서트리는 하나님' 이라는 개념은 대부분의 그리스도인들에게 생소할 수 있다. 반즈의 각주들(Barnes' Notes)에 의하면, 예수님의 호칭 중에 하나가 'Breaker-Through' (돌파하여 나가는 자: 한계를 극복하고 영적으로 돌파하는 자)이다. 미가서에 나타난 하나님은 난관에서 사람을 구해내시는 분이다. 무언가 무너지고 극복해야만 하는 일들이 있으면, 그때 부서트리는 자가 와서 문에 꽝하고 충돌함으로써 산산조각으로 부서지게 한다는 것이다. 그리고는 활짝 열려진 문으로 하나님의 백성들이 순식간에 몰려 통과해 나간다. 그들이 갇혀 있던 장소는 더 이상 그들을 가두어 놓을 수 없다. 지금껏 그들이 매어 있던 감옥 문이 열리고 그들은 해방되었다. 이사야 43장 6절에도 비슷한 이미지가 나타난다. "내가 북쪽에게 이르기를 내놓으라 남쪽에게 이르기를 가두어 두지 말라 내 아들들을 먼 곳에서 이끌며 내 딸들을 땅 끝에서 오게 하며."

영적인 뚫림, 돌파는 우리 스스로 성취할 수 있는 것이 아니다. 반드시 하나님의 개입하심이 필요하다. 하나님은 사도적인 백성들에게 취할 땅을 주셨고 극복해야 할 역경도 주시지만, 하나님 자신이 그것들을 부서트리고 승리로 이끌어 주신다. 모세를 이끄셨던 바로 그 하나님께서는 우리 시대에도 이끌어 주실 것이다.

성경에 나타난 뚫고 지나가는 본보기

출애굽 사건이 있기 전에 하나님은 모세에게 "내가 할 것이다"라고 말씀하셨다. 오늘날에도 하나님은 동일하게 말씀하신다. 하나님은 모세에게 무조건 가라고 명령하셨다. 그러면 하나님의 능력이 하늘로부터 방출된다는 것이다. 모세는 하나님의 말씀을 그대로 믿고 행동으로 옮겨야 했다. 특히 그는 학대하는 독재자 바로에게 가서 그를 대면해야만 했다. 그러나 사실 이스라엘을 위하여 학대의 문을 파쇄하신 분은 하나님이시다. 그럼에도 불구하고, 하나님의 능력은 모세의 믿음을 통해 드러나게 되었다. 하나님께서 모세의 행함을 통하여 이스라엘을 애굽의 억압에서 해방시키실 때, 부서트리고 무너트리는 기름부으심은 가시적인 현실이 되었다.

> 너희는 떠날지어다 떠날지어다 거기서 나오고 부정한 것을 만지지 말지어다 그 가운데에서 나올지어다 여호와의 기구를 메는 자들이여 스스로 정결하게 할지어다 여호와께서 너희 앞에서 행하시며 이스라엘의 하나님이 너희 뒤에서 호위하시리니 너희가 황급히 나오지 아니하며 도망하듯 다니지 아니하리라 (사 52:11-12).

호세아는 이스라엘을 위한 돌파(breakthrough: 영적인 약진)에 대해서 다음과 같이 말한다.

> 이에 유다 자손과 이스라엘 자손이 함께 모여 한 우두머리를 세우고 그 땅에서부터 올라오리니 이스르엘의 날이 클 것임이

로다(호 1:11)

이 구절은 사로잡힘에서 풀려 나서 하나님께서 약속하신 땅, 자유롭고 열려진 세상으로 나오는 하나님의 백성에 대해 예언하고 있다. '이스르엘'이라는 말은 '하나님이 씨를 뿌리신다'는 뜻이다. 하나님은 엄청난 수확을 기대하시며 씨를 뿌리시는 분이다.

> 부서트리시는 분은 우리보다 앞서 가시며
> 우리가 취하도록 운명지어진
> 기업을 얻게 하신다.

이스라엘이 바벨론의 포로에서 해방되었을 때에도 하나님의 돌파(break through: 한계를 뛰어넘는 영적 도약)가 발생했다. "너희는 바벨론에서 나와서 갈대아인을 피하고 즐거운 소리로 이를 알게 하여 들려주며 땅 끝까지 반포하여 이르기를 여호와께서 그의 종 야곱을 구속하셨다"(사 48:20). 하나님은 이스라엘이 다시 땅을 소유하는 것을 원치 않았던 산발랏이나 도비야 같은 자들의 권력에서 이스라엘을 해방시켜 주셨다.

하나님께서 잃어버린 땅과 기업을 되찾게 해 주실 때가 있다—자연적인 것과 영적인 면 모두. 그러나 그 과정 중에, 악한 자들은 우리가 도로 찾아가는 것을 허락하려 하지 않는다. 악한 자들은 우리의 권리를 인정하지 않는다. 그러나 부서트리시는 분은 우리보다 앞서 가시며 우리가 취하도록 운명지어진 기업을 얻게 하신다.

　이사야서의 다른 구절에서 감옥으로부터 구출되는 것의 영적인 의미를 엿볼 수 있다. 이는 해방시키시는 그리스도의 사역에 관한 예언이다.

> 나 여호와가 의로 너를 불렀은즉 내가 네 손을 잡아 너를 보호하며 너를 세워 백성의 언약과 이방의 빛이 되게 하리니 네가 눈먼 자들의 눈을 밝히며 갇힌 자를 감옥에서 이끌어 내며 흑암에 앉은 자를 감방에서 나오게 하리라(사 42:6-7)

비슷한 예언이 이사야 61장 1절에도 나타난다.

> 주 여호와의 영이 내게 내리셨으니 이는 여호와께서 내게 기름을 부으사… 포로된 자에게 자유를 갇힌 자에게 놓임을 선포하며

　구약성서 주석을 쓴 카일과 델리취는 부서트리시는 하나님에 대해 아래와 같이 설명한다.

> 이스라엘의 구속은 속박으로부터 해방되는 것과 직접적인 관련이 있다. 애굽이라는 나라는 철창과 벽이 없는 감옥이다. 이스라엘 사람들이 하나님이 약속하신 기업을 상속받기 위해서는, 문을 부수고 벽을 허물며, 억압으로부터 벗어나야만 했다. 그들이 사로잡혀 있는 동안에는 하

나님이 약속하신 기업에 도달할 수 없었기 때문이다.

카일과 델리취는 부서트리시는 하나님께서 이스라엘 백성들보다 앞서 가셨음을 명시한다. 하나님은 모세를 통해 이스라엘로 하여금 벽을 부수고 감옥 문을 통과해서 밖으로 나오게 하셨다. 이 세 가지 행동, 즉 벽을 허물고, 문을 통과해서, 밖으로 나오는 행위는 인간의 어떤 능력으로도 저지할 수 없었다. 왜냐하면 그들을 이끄시는 분이 여호와 하나님이셨기 때문이다.

이스라엘 백성을 광야 길에서 인도하신 하나님은 지금도 앞서 가시며 우리를 인도해 주신다. 하나님은 언제나 앞서 가시며 파쇄하시고 돌파하신다. 하나님의 지도력을 믿고 그분을 신뢰하는 모든 자는 하나님이 승리로 이끄실 것을 믿고 담대하게 용맹을 떨치며 전진한다.

하나님은 무조건적으로 신뢰할 수 있는 분이다. 그 이유는 다음과 같다.

1. 부서트리는 자는 왕으로 왕적인 권위를 가지고 있다

부서트리는 자는 왕이시며 주시다. 왕은 다스리고 통치한다. 왕은 전권을 가진 자로서, 나라 전체에 대한 권세를 가지고 있다. 태초로부터 온 세상 만물은 하나님께로부터 왔으며, 인간적인 모든 권세와 권력들도 하나님께 속해 있다. 그래서 골로새서 1장 16절은, "만물이 그에게서 창조되되 하늘과 땅에서 보이는 것들과 보이지 않는 것들과 혹은 왕권들이나 주권들이나 통치자들이나 권세들이나 만물이 다 그로 말미암고 그를 위하여 창조되었고"라고 말씀한다.

부서트리는 자는 어떠한 종류의 다스림 속으로도 파고들어갈 수 있으며, 또 어떤 권세나 권력이라도 거기서 우리를 끄집어낼 수 있다. 부서트리시는 분, 하나님은 우리를 억압자의 손에서 빼내어 자유, 해방, 생명, 기업으로 이끄신다. 뿐만 아니라, 그 억압의 자리에 새로운 평화의 통치를 이루신다. 하나님은 왕 중의 왕이시다.

2. 부서트리는 자는 약속하시며 언약을 지키시는 자이다

히브리어로 하나님의 이름은 '여호와'이다. '여호와'는 '약속을 지키시는 자'라는 뜻이다. 우리 앞에 전진하시는 분은 하늘과 땅을 통치하는 분일 뿐만 아니라 우리와 언약을 맺으시는 분이다. 신명기 28장은 구약성경 중에서 언약을 다루는 전형적인 장으로, 믿음을 가지고 하나님께 순종하는 자에게 내리는 하나님의 풍성한 축복에 대한 약속으로 가득 차 있다. 성경은 구약과 신약으로 구성되어 있는데, 구약은 '옛 언약'이며 신약은 '새로운 언약'이다. 하나님은 우리 인간에게 약속하시고 그것을 지키시는 분이다. 하나님의 말씀은 참되며, 하나님은 절대로 거짓말을 하지 않으신다.

> 하나님은 약속을 기업으로 받는 자들에게 그 뜻이 변하지 아니함을 충분히 나타내시려고 그 일을 맹세로 보증하셨나니 이는 하나님이 거짓말을 하실 수 없는 이 두 가지 변하지 못할 사실로 말미암아 앞에 있는 소망을 얻으려고 피난처를 찾은 우리에게 큰 안위를 받게 하려 하심이라 우리가 이 소망을 가지고 있는 것은 영혼의 닻 같아서 튼튼하고 견고하여 휘장 안에 들어가나니 그리로 앞서 가신 예수께서 멜기세덱의 반차를 따라 영원히 대제사장이 되어 우리를 위하여 들어가셨느니라

(히 6:17-20)

　히브리서 기자는 아브라함과 맺으신 하나님의 언약에 관해 설명한 다음 위 설명을 덧붙인다. 언약은 다른 말로 하자면 하나님의 약속이다. 그러므로 하나님의 약속을 믿는 자들은 하나님께 달려나가 하나님의 존전에 서서, 신앙의 확신을 받고, 일어나 빛을 발하며 행동하게 된다. 왜냐하면 하나님께서 앞서 가시며 길을 여시리라 믿기 때문이다.

사도적 교회에 내리는 핵심 기름부으심

　하나님은 이 시대의 교회들을 감히 상상할 수도 없는 큰 비전으로 부르고 계신다. 교회는 그리스도의 몸으로, 머리이신 그리스도의 기업을 상속받도록 운명지어진 조직이다. 그러나 우리 앞에 있는 모든 영적인 축복들을 취하기 위해서는 파쇄하는 기름부으심이 필요하다. 나는 오늘 이 시대에 사도적인 교회로의 회복을 위하여 가장 필요한 것이 부서트리고 무너트리는 기름부으심이라고 생각한다. 그러므로 하나님을 '부서트리시는 하나님'으로 믿고 고백하며 따르는 자들마다 해방과 자유의 물결을 경험하게 될 것이다.

chapter 04

난관 파쇄와 축복이 터짐

　미가서 2장 13절은 "길을 여는 자가 앞서 올라가고 그들은 성문을 부수고 바깥으로 나갈 것이다"라고 하며 부수는 자와 부수고 나가는 것에 대해 말한다. 도대체 부서트리는 것과 부수고 밖으로 나가는 것은 무엇을 의미하는 것일까?

　히브리어 '파라쯔'에는 '부수고 나가다, 터져 나가다, 자라다, 성장하다, 증가하다, 열려지다' 등의 뜻이 내포되어 있다. 무언가 닫혀 있고, 잠겨 있으며, 감소하고, 제한받으며, 방해하는 그 어떤 것이 있다는 것을 전제로 한다. 참으로 다양한 종류의 영적인 국면이 이 부서뜨림과 관련 있다는 것은 놀랄 만한 일이다.

　'파라쯔'라는 단어는 감옥 같은 구조를 부수고 나오는 것을 말한다. 즉, 이전에는 닫혔거나, 막혔고, 제한을 받던 것이 이제는 자유롭게 열린다는 뜻이다.

'부수다'의 동의어에는 '박살내다', '초토화시키다', '뭉개버리다', '산산조각 내다', '깨뜨리다', '찌그러뜨리다', '쪼개다', '파열하다', '뿌리를 뽑다' 등이 있다. 이러한 현상들은 육적인 세계와 영적인 세계에서 동시에 일어난다. 바꿔 말하자면, 영적인 세계에서 한계가 극복되면 자연스레 육적이고 감각적인 영역에 그 증거가 나타난다는 것이다. 그러므로 우리는 영적인 한계를 극복하는 것을 경험할 수 있을 뿐 아니라, 심지어 듣고 보고 만지고 느낄 수도 있다.

최근에 그러한 것을 강력하게 체험한 적이 있는데, 이는 내가 강사로 초청받았던 예언집회에서였다. 찬양팀이 반주하고 있을 때 갑자기 환상을 보게 되었다. 환상 가운데 나는 유리로 된 천장을 보았다. 그 유리천장을 통해 사람들은 자신이 도달하고자 하는 곳을 볼 수 있었다. 그러나 유리로 된 벽 때문에 통과해 나갈 수가 없었다. 이 유리벽은 하나님께서 그들을 위해 준비하신 장소로 나가지 못하도록 막고 있는 장애물을 상징한다.

그런데 갑자기 그 유리벽이 산산조각 나며 부서져 내리기 시작했다. 나는 부서진 유리조각이 마룻바닥으로 "와장창" 떨어지는 소리를 들을 수 있었다. 유리벽은 완전히 제거되었다. 그것은 일종의 영적인 환상이었고, 하나님께서 그 예언집회에서 하시는 일을 보여 주신 것이었다. 그 환상이 끝남과 동시에 찬양을 인도하던 리더가 새 노래로 찬양을 하는데, 그 영적인 파워가 강력했다.

그리고는 그 자리에 모인 사람들에게 많은 계시가 쏟아져 내렸다. 계시를 차단하던 방해물이 제거됨으로써 하나님의 계시가 자유롭게 임한 것이다.

성경에서 '파라쯔'의 나타남은 계시가 풀어짐을 의미한다

• 뚫고 지나가기

사무엘상 3장 1절은 계시의 나타남에 관해 말씀한다. 또한 구시대에서 신시대로 옮겨 가는 과정을 설명해 주는 구절이기도 하다. 당시 엘리 제사장의 적당주의 때문에 계시가 막혀 있었다. "아이 사무엘이 엘리 앞에서 여호와를 섬길 때에는 여호와의 말씀이 희귀하여 이상이 흔히 보이지 않았더라"(삼상 3:1). 킹제임스 버전은 "널리 만연해 있는 계시가 없었다"고 번역하고 있다. '널리 퍼져 있는' 내지 '열린'이라는 단어는 히브리어로 '파라쯔' 이다. '파라쯔'는 앞에서 언급한 대로 '부순다'는 뜻이다. 그러므로 하나님의 계시가 나타나려면 막힌 것이 먼저 뚫려야 한다.

> 영적인 것을 감지하지 못함은
> 계시가 없고 하나님으로부터 오는
> 지혜의 통로가 막혀 있기 때문이다.

영적인 것을 감지하지 못하는 것은 계시가 없고 하나님으로부터 오는 지혜의 통로가 막혀 있기 때문이다. 헬라어로 '마음이 굳어짐'이라는 단어는 **스클레로카르디아**이다. 그 단어의 문자적인 뜻은 '영적인 감지력이 떨어짐'이다. 그러므로 계시를 받기 위해서는 우리의 자연적인 마음이 깨어지고 계시를 받기에 합당한 마음으로 변화되어야 한다. 그러한 영적인 돌파(spiritual breakthrough)가 없으면 마음은 어두움에 머물게 되어 있다. 계시가 뚫고 들어오기 전에는 많은 사람들이 영적인 것을 보지 못한다.

영적으로 거듭나지 못한 사람들은 말할 필요도 없을 것이다. 성경은 분명히 말씀하신다. "만일 우리의 복음이 가리었으면 망하는 자들에게 가리어진 것이라 그중에 이 세상의 신이 믿지 아니하는 자들의 마음을 혼미하게 하여 그리스도의 영광의 복음의 광채가 비치지 못하게 함이니 그리스도는 하나님의 형상이니라" (고후 4:3-4).

• 부서뜨리고 나가며 확장하기

이사야 54장 3절은 '파라쯔'를 "이는 네가 좌우로 퍼지며 네 자손은 열방을 얻으며 황폐한 성읍들을 사람 살 곳이 되게 할 것임이라"와 같이 '퍼지다'의 뜻으로 사용하고 있다. 더 세밀하게는 '네 오른쪽과 왼쪽으로 터져 나간다'는 뜻이다. 즉, 급증하고 확대되며 돌파해 나가는 날을 의미한다. 그날은 우리의 유업을 탈취하는 날이다. 동시에 옛 생각과 옛 사람이 파괴되는 것을 경험할 것이며, 우리 시대에 합당한 계시가 새롭게 밀려들어 오는 것을 느낄 것이다.

어떤 사람에게는 육체적인 연약함이 강건함으로 바뀌는 것을 의미하고, 또 다른 이에게는 재정적 또는 감정적으로 감금되어 있던 곳으로부터의 탈출을 의미할 것이다. 하나님은 우리에게 기름부으심으로 능력을 허락하셔서 도시가 변화되고 영적인 수확을 거두게 하신다. 그러나 하나님의 약속이 사실이라는 것을 느끼기 전까지는 인간의 실수와 믿음 없음은 계속될 것이다. 하지만 하나님이 일단 행하기 시작하시면, 우리의 욕망과 감정은 주님의 뜻과 일치되게 되어 있다. 좋은 감정은 항상 믿음 뒤에 따라오며, 믿음은 행동의 변화로 자신을 드러내게 된다.

얼마 전에 나는 IVF(기독학생회) 간사로부터 아주 간단한 신앙의 공식을 배웠다. 믿음이 제일 먼저 온다는 것이다. 그리고 사실이 뒤따른다. 그리고 마지막으로 감정이 온다. 즉, 믿으면 영적인 사실을 받아들일 수 있게 되고, 좋은 감정을 느낀다는 것이다. 그러나 많은 사람들이 이와는 반대로 진행한다. 즉, 기분에 따라 믿는다. 하나님의 말씀에 기초하기보다는 자신의 경험에 따라 신학을 마구잡이로 바꾸는 사람들도 있다. 신앙의 구조가 믿음이 아니라 보는 것에 기반을 두고 있기에 우리는 종종 성경적인 결과를 얻지 못한다.

- 지역적인 제한을 벗어나 퍼져 나가기

창세기 28장 14절의 "네 자손이 땅의 티끌같이 되어 네가 서쪽과 동쪽과 북쪽과 남쪽으로 퍼져 나갈지며 땅의 모든 족속이 너와 네 자손으로 말미암아 복을 받으리라"는 말씀처럼, 파라쯔는 '퍼져 나간다'는 뜻으로 쓰이기도 한다. 이것은 장애물이 아무리 고질적인 것이라도, 하나님께서 말씀하셨기에, 모든 종류의 방해와 장애를 파쇄하고 나가게 하실 것이며, 고립되고 감소하는 모든 요소로부터 탈출하게 될 것을 의미한다. 이는 단순히 숫자적인 증가를 의미하는 것이 아니라, 지경이 넓어져서 점차 넓게 퍼져 나감을 의미한다. 즉, 이전에는 복음이 미치지 못하던 지역으로 퍼져 나간다는 뜻이다.

하나님께서 우리 안에 심어 놓으신 영적인 유전자로 인하여, 그리스도인들은 한계를 극복하는 자들이 된다. 한계(경계선, 울타리)를 뛰어넘어 축복이 끊이지 않는 땅으로 들어갈 수 있다. 이는 창세기 1장 28절에 나타나 있는 원래의 사도적인 사명인 땅을 채우고 번성하라는 명령을 이루는 것이다. 땅을 채우려면 먼저 생육하고 번성해야 하며, 다른 지역으로 넘어가서 확장해야 한다. 시편 18편 19절은 "나를 넓은 곳으로 인도하시고 나를 기뻐하시므로 나를 구원하셨도다"고 말씀하신다.

땅을 충만케 채우는 것은 신약성경에 나타난 사도적 리더들의 사고방식이었다. 바울은 새로운 선교여행을 끊임없이 계획하고 실천에 옮겼다. 그는 복음을 받아들이는 지경을 점차로 넓히고 또 넓혀 갔다. 다른 어떤 사도보다도 바울은 땅을 복음으로 채우려 했다. 바울은 안디옥이라는 지역교회의 울타리를 넘어 단 한 번도 복음을 들어보지 못한 지역으로 뚫고 들어갔던 것이다. 바울의 불타는 열정은 지구 끝까지 복음을 전하는 것이었다.

성령의 능력은 새로운 땅으로 뚫고 들어가게 한다

사도행전 1장 8절은 성령세례의 목적을 다음과 같이 설명한다. "오직 성령이 너희에게 임하시면 너희가 권능을 받고 예루살렘과 온 유대와 사마리아와 땅 끝까지 이르러 내 증인이 되리라 하시니라." 교회 성도들은 이 말씀에 "네, 증인이 되겠습니다." 하고 응답한다. 그러나 증인이 되려면 어디론가 가야 하는데, 가지는 않는다. 우리 안에는 신적이면서도 인격적인 존재인 예수님의 영이 내주해 계신다. 그분은 우리에게 능력을 주셔서 하나님께서 운명지어 주신 모든 것들을 우리로 이루게 하신다.

성령의 능력은 단지 방언을 말하는 것뿐 아니라, 우리가 살고 있는 제한된 삶의 영역을 넘어, 지경을 넓히고, 지구 끝까지라도 가서 증인이 되게 만든다. 이전에 닫힌 영역으로 뚫고 들어가게 하시고, 이 땅 곳곳에 복음이 전파되게 하신다. 그러한 일이 일어나려면 돌파하는 기름부으심이 필요하다. 사실, 초대교회의 성도들은 '돌파하는 사람들'이었다.

2000년 2월에 척 피어스 목사가 이끄는 수준 높은 기도팀이 전 세계를 돌면서 두 가지 이슈를 가지고 전략적 요지에서 기도회를 가졌다. (1) 전 세계에 사도적인 영적 지도자들이 부상할 수 있도록, (2) 교회로 재물이 몰려들도록. 미국에서는 우리 교회의 성도들이 기도로써 그들을 뒷받침해 주었다. 그들이 마지막 여행지였던 싱가포르에 도착했을 때, 나는 그들에게 영적인 돌파가 일어났음을 감지할 수 있었다. 왜냐하면 하나님께서 내게 계시의 음성으로 들려주셨기 때문이다. 뚫고 지나감(break-through: 영적인 돌파)이 발생할 때는 하나님의 음성을 듣는다. 즉, 하늘 문이 열리고 계시가 임한다.

내 영 안에서 성령을 통하여 하나님이 하신 말씀을 여기에 기록해 본다.

> 나는 나의 진정한 사도적 리더들을 모세같이 만들리라. 리더십이 약해짐으로 받는 수치를 더 이상 당하지 않으리라. 그들의 은사가 고립되지 아니하리라. 그들의 약함이 도리어 강점이 되고, 성벽을 부수는 망치같이 강하여지리라. 나는 이 철퇴를 사용하여 지역마다 악한 사회구조들을 분쇄하고 철거하리라. 지구상에 나의 뜻을 거스르며 세워진 모든 것들에게 죽음이 임하리라. 나는 나의 영광

을 도로 찾기 위하여 군대를 일으키리니, 내가 직접 맞서고 대결하여 사회를 재정비하리라. 대결을 두려워하지 말라. 대결을 통하여 갈라지지 않고 도리어 새롭게 재조정(재편성)되리라.

하나님의 계시를 제한하는 것이라면 무엇이든지 깨뜨려야 한다

유리로 된 천장이 산산조각 나면서 즉시 계시가 쏟아져 내린 환상처럼, 계시는 뚫고 나아가는 영적인 돌파를 필요로 한다. 무엇이든지 하나님의 계시가 펼쳐지며 전개되는 것을 방해하는 것들은 깨뜨려야 한다.

- 죄

죄는 우리의 영적인 민감성을 둔화시키고, 마음을 어둡게 만들어 영적인 장님이 되게 한다. 그러나 죄를 고백하고 죄에서 돌이키면, 환상을 동반하는 계시와 하나님의 인도하심이 터져 나온다.

- 사단

종종 다니엘의 경우와 마찬가지로, 악한 자가 하나님의 계시를 가로막고 있거나 차단시킨다. 다니엘은 적이 억누르고 있는 계시가 터져 나오게 하려고 21일 동안 기도하고 금식해야 했다. 마침내 천사장인 미가엘이 페르시아의 왕자를 무찔러 이겼다. 그러자 마지막 때의 계시가 다니엘에게 풀어졌다(단 10-12). 계시가 장벽을 뚫고 나온 것이다. 사단의 장벽이 무너져 버렸고 진리는 돌파구를 찾았다.

• 하나님의 적들

다윗 왕은 하나님의 적들로부터 해방되고 나서야 비로소 계시를 받았다. 사무엘하 5장은 다윗이 블레셋 사람들을 취하는 장면을 묘사한다. 사사기 3장에 의하면 블레셋 사람들은 가나안 족속 중에서 제거되지 않고 끝까지 살아남은 족속 중에 하나라는 것을 알 수 있다. 하나님께서 그들을 거기에 남겨 두신 데는 그만한 이유가 있었다.

> 여호와께서 가나안의 모든 전쟁들을 알지 못한 이스라엘을 시험하려 하시며 이스라엘 자손의 세대 중에 아직 전쟁을 알지 못하는 자들에게 그것을 가르쳐 알게 하려 하사 남겨 두신 이방 민족들은 블레셋의 다섯 군주들과 모든 가나안 족속과 시돈 족속과 바알 헤르몬 산에서부터 하맛 입구까지 레바논 산에 거주하는 히위 족속이라 남겨 두신 이 이방 민족들로 이스라엘을 시험하사 여호와께서 모세를 통하여 그들의 조상들에게 이르신 명령들을 순종하는지 알고자 하셨더라(삿 3:1-4)

주님은 다윗에게 전쟁을 치르러 올라가라고 명령하셨다. 다윗은 그 명령에 순종했으며, 그 결과 전쟁에서 승리했다. "다윗이 바알브라심에 이르러 거기서 그들을 치고 다윗이 말하되 여호와께서 물을 흩음같이 내 앞에서 내 대적을 흩으셨다 하므로 그곳 이름을 바알브라심이라 부르니라"(삼하 5:20). **바알브라심**이라는 말은 '돌파의 명수'라는 뜻이다. 하나님은 다윗을 통하여 자신이 돌파의 명수라는 것을 계시해 주셨다. 그분은 다윗과 그의 군대를 사용하셔서 마치 물을 막고 있던 댐이 터지듯이 블레셋의 군대를 돌파하셨다.

> 하나님께서 돌파하며 나아가실 때,
> 하나님은 마치
> 댐으로 막혔던 물이 한꺼번에 터져 나가듯
> 그렇게 기적을 베푸신다.
> 그분은 악한 자들을
> 단순히 벌주시는 것이 아니라,
> 모두 쓸어내신다.

후버 댐같이 큰 댐이 무너져 내리는 모습을 상상해 보라. 또 그 엄청난 양의 물이 한꺼번에 쏟아져 내리는 모습도 상상해 보아라. 그것이 바로 사무엘하 5장에 기록된 하나님의 돌파하시는 기름부으심에 관한 이미지이다. 하나님께서 돌파하며 나아가실 때, 하나님은 마치 댐에 막혀 있던 물이 한꺼번에 터져 나가듯이 기적을 베푸신다. 그분은 악한 자들을 단순히 벌 주시는 것이 아니라, 모두 쓸어 버리신다. 적에게 속했던 모든 병기들도 순식간에 모두 사라져 버린다. 영적인 돌파에 관한 얼마나 놀라운 표현인가!

- 인간을 억누르는 모든 상황

심지어 동물보다 못한 취급을 받으며, 무시당하고 억눌리고 학대당하는 참혹한 노예생활이라는 상황 속에서도 깨뜨리는 기름부으심이 있었다. 출애굽기 1장 12절은 "그러나 학대를 받을수록 더욱 번성하여 퍼져 나가니 애굽 사람이 이스라엘 자손으로 말미암아 근심하여"라고 한다. 절대 권력자 바로와 애굽 사람들이 이스라엘 자손을 두려워했다는 것이다. 출애굽기 1장 12절에서 사용된 '퍼져 나가니'라는 단어는 히브리어로 '파라쯔'이다. 즉, 돌파했다는 것이다. 극심한 역경 속에서도 이스라엘 자손들은 형통했다. 하나님께서 심으신 운명의 씨앗은 인간이 억누를 수 없다. 그 씨앗 속에 '퍼져 나가는 기름부으심'이 있기 때문이다. 저주와 속박의 노예생활 속에서도 그들의 영혼의 유전자 안에 깊숙이 심겨진 축복의 씨앗은 결국 자라서 터져 나오고, 퍼져 나가게 되어 있었다.

하나님의 백성이 번성케 된다는 것은 진리 중의 진리이다. 오늘날도 마찬가지이다. 우리 안에도 영적인 씨앗이 심겨져 있으며, 혹독하고 암담한 상황 속에서도 우리의 운명은 변하지 않는다. 오직 믿음의 부족과 하나님에 대한 순종의 결핍이 성장을 저해할 뿐이다.

파쇄하는 자는 부와 증대를 가져온다

구약성경에서 족장들은 기업과 부의 증대를 기대했다. 이 땅에 존재하게 된 첫 남자와 여자에게 하나님은 생육하고 번성하여 온 땅을 채우라고 명령하셨다. 그러므로 증대되는 것은 인간의 운명이다. 그러나 그러한 증대를 이루려면 파쇄하는 기름부으심이 필요하다. 영적인 돌파는 단지 우리 자손들에 대한 축복뿐만 아니라, 현실에서 물질적 소유가 증대되는 것도 포함한다. 창세기 30장 29-30절을 보면, 뚫고 지나감(break-through)과 터져 나감(break-out)이 부귀와 관련이 있음을 알 수 있다. 야곱은 삼촌인 라반을 위해 일했는데, 그에게 다음과 같이 말했다. "야곱이 그에게 이르되 내가 어떻게 외삼촌을 섬겼는지 어떻게 외삼촌의 가축을 쳤는지 외삼촌이 아시나이다 내가 오기 전에는 외삼촌의 소유가 적더니 번성하여 떼를 이루었으니 내 발이 이르는 곳마다 여호와께서 외삼촌에게 복을 주셨나이다 그러나 나는 언제나 내 집을 세우리이까?" 이 구절에서 "번성하여 떼를 이루었다"는 말은 '복이 터졌다'(break-out)는 의미이다.

'파라쯔' 라는 단어는 부귀, 형통, 그리고 재정적인 증가와 관련되어 사용되기도 했다. "네 재물과 네 소산물의 처음 익은 열매로 여호와를 공경하라 그리하면 네 창고가 가득히 차고 네 포도즙 틀에 새 포도즙이 넘치리라"(잠 3:9-10). 가득 차고 흘러넘치는 축복이 임한다는 것이다. 그러나 영적인 돌파는 반드시 나눔과 연결되어 있다는 사실을 간과하지 말라. '뚫고 지나가고, 터져 나오고, 차고 넘치고' 하는 모든 것들은 처음 익은 열매로 여호와께 바치며 하나님을 공경하는 것을 전제로 한다.

사도적인 사람들에게 하나님이 주시는 증거 중에 하나는 그들에게 재물이 따른다는 것이다. 물론 사도들에게는 돈이 주된 관심사가 아니다. 그럼에도 불구하고, 사도들의 발 앞에 사람들이 돈을 가져다 바쳤다. 즉, 나눔이 차고 넘쳤다는 뜻이다. 그러한 선행으로 인하여 기름부으심과 영적인 돌파가 나타났다. 나도

집회에서 성령 충만을 받은 사람들이 자신의 재물을 풍성하게 하나님 앞에 쏟아 붓는 것을 목격한 적이 있다.

파쇄하는 기름부으심은 재물과 부귀가 증대하도록 역사한다. 그러나 복이 넘치려면 먼저 막힌 곳을 돌파해야 한다. 하나님은 막힌 것을 뚫으시는 하나님이시며, 파쇄 전문가이시다. 창세기 30장 29-30절에 의하면, 야곱은 라반에게 한계를 뛰어넘는 도약을 가져다 준 사람이다. 하나님의 축복은 언제나 하나님의 사람을 쫓아다니게 되어 있다. 잠언 10장 22절은 이렇게 말씀한다. "여호와께서 주시는 복은 사람을 부하게 하고 근심을 겸하여 주지 아니하시느니라."

부귀는 재물이 많은 것 그 이상이다. 모든 것이 풍성하고 무엇이든지 계속 증식한다는 뜻이다. 아이디어의 풍성함이 될 수도 있고, 삶의 질 내지는 소유의 풍성함을 뜻할 수도 있다. 하나님은 형통함도 주시는데, 형통은 신체가 건강한 것을 넘어서는 풍성함을 의미한다. 사도 요한은 "사랑하는 자여 네 영혼이 잘 됨같이 네가 범사에 잘되고 강건하기를 내가 간구하노라"고 하였다. 여기에서 '잘된다'는 말은 '형통하다'의 뜻으로, '도달하는 데 성공하다, 사업에 성공하다, 발전하다'의 의미를 내포하고 있다. 즉, 영혼이 잘 되는 사람들에게는 '성공하고, 창대하며, 성장하고, 번영하는' 축복이 따른다. 그러나 이는 하나님의 은혜에 의한 것이므로, 영적인 돌파 없이는 불가능하다.

영적으로 무장된 마음이 필요하다

소심한 마음, 옛날 생각, 그리고 인간적인 계산들이 깨뜨려지고, 하나님의 계획을 감지하는 마음으로 변화되는 영적인 돌파가 필요하다. 바울은 이렇게 말한다.

> 기록된 바 하나님이 자기를 사랑하는 자들을 위하여 예비하신 모든 것은 눈으로 보지 못하고 귀로 듣지 못하고 사람의 마음으로 생각하지도 못하였다 함과 같으니라 오직 하나님이 성령으로 이것을 우리에게 보이셨으니 성령은 모든 것 곧 하나님의 깊은 것까지도 통달하시느니라 사람의 일을 사람의 속에 있는 영 외에 누가 알리요 이와 같이 하나님의 일도 하나님의 영 외에는 아무도 알지 못하느니라(고전 2:9-11)

바울은 인간적인 지식으로는 하나님의 일을 이해할 수 없다고 말한다. 왜냐하면 "육에 속한 사람은 하나님의 성령의 일들을 받지 아니하나니 이는 그것들이 그에게는 어리석게 보임이요 또 그는 그것들을 알 수도 없나니 그러한 일은 영적으로 분별되기 때문"(고전 2:14)이다. 많은 사람들이 하나님의 온전하신 계획을 이해하지 못하는 이유가 바로 여기에 있다. 그들은 자신의 경험의 한계에 부딪혀서 더 이상 앞으로 나아가지 못한다. 그리고 자신의 지적 능력으로 모든 것을 이해하려 하기에, 결국 하나님의 뜻을 파악하지 못하는 것이다.

하나님은 우리 안에 성령을 주셨다. 우리 안에 성령님이 거하신다는 것은 하나님이 우리와 함께하신다는 뜻이다. 하나님의 속성 중에 하나는 'The Breaker'(파쇄하는 자, 돌파하는 자, 부서트리는 자)이다. 성령이 충만한 사람은 바로 이러한 하나님의 속성을 물려받게 되어 있다. The Breaker(부서트리시는 하나님) 안에 거하는 자는 모든 장애물을 부수고 한계를 극복해 낼 것이다.

chapter 05

깨트림과 문들

미가서 2장 13절에 의하면, 문 뒤에 있던 사람들이 단단히 묶여 있던 갇힌 영역을 깨뜨리고 나와 문을 통과해 나갔다고 한다. 어떻게? 누군가 부수는 자가 먼저 앞서 가서, 그의 권세를 사용하여 닫힌 문을 열어 버렸기 때문이다.

성령님은 성경에 영감을 불어넣으실 때 고대 유대문화에서 특별한 의미를 담고 있는 정확한 단어와 표현을 사용하셨다. 그러므로 성경에서 '문'이라는 단어에는 특별히 하나님을 '문을 부수는 분'으로 표현하고자 하는 의도가 담겨 있다.

성경에 나타난 '문'의 구조를 알면, 문을 통과해 나가면서 영적으로 돌파하는 것을 이해하는 데 도움이 된다.

교회는 하늘과 땅을 연결시키는 하늘의 문이다

야곱은 하나님의 계시가 임했을 때 "이에 두려워하여 이르되 두렵도다 이곳이여 이것은 다름 아닌 하나님의 집이요 이는 하늘의 문이로다"(창 28:17)라고 하였다. 교회는 하나님의 집이다. 하나님의 집에는 하늘 문이 있다. 그러므로 하늘의 문은 교회를 통해서 열린다. 일단 하늘 문이 열리면 땅의 것이 하늘로 올라가기도 하고, 하늘의 것이 땅으로 내려오기도 한다. 바로 이 하늘 문을 통해 천국이 이 땅에 임하는 것이다.

예수님은 제자들에게 하나님의 뜻이 하늘에서 이루어진 것 같이 땅에서도 이루어지도록 기도하라고 가르쳐 주셨다. 그러나 천국이 이 땅에 임하려면 하늘 문이 열려야 한다. 영계와 자연계는 하늘 '문'을 통해 서로 접촉하기 때문이다. 그러므로 '문'이 열리려면 파쇄하는 기름부으심이 있어야 한다. 하나님은 바로 이러한 '문'에 관한 영적 사실을 믿는 사람들을 찾으시고, 하늘의 뜻이 땅에 이루어지게 하는 break-through(파쇄하고 돌파하는) 기름부으심을 그들에게 베푸신다.

"길을 여는 자가 그들 앞에 올라가고 그들은 길을 열어 성문에 이르러서는 그리로 나갈 것이며 그들의 왕이 앞서 가며 여호와께서는 선두로 가시리라"(미 2:13)는 말씀에서 '부수는 자'이신 하나님께서 앞서 가시며 문을 파쇄하고 돌파하시는 모습을 볼 수 있다. 그러나 여기에는 오직 믿음과 순종이 따라야 한다. 진정한 믿음은 참으로 강력하다. 믿음은 천국의 문을 여는 힘이 있기 때문이다. 천국의 문이 열리면, 천국의 것들이 지상으로 흘러들어 온다. 천국의 것들에는 건강, 온전함, 부귀, 존귀, 평화, 사랑, 은혜, 영광, 계시, 지혜 등이 포함된다. 이것들은 하나님의 왕국에 있는 것 중에서 가장 귀한 하나님의 속성들이다.

몇 년 전에 병원을 심방하던 중 백혈병에 걸린 한 소녀를 위해 기도한 적이 있다. 그 소녀는 화학요법으로 입 안이 다 헐어서 음식도 먹지 못하고 오직 혈관을 통해 영양분을 공급받고 있었다. 뿐만 아니라, 무릎도 감염되어 벌겋게 부어올라 있었고, 걷지도 못했다. 나는 하나님께 그녀가 먹고 걸을 수 있게 해 달라고 간절히 기도했다. 그런데 그날 밤, 그녀가 일어나서 걷고 있으며 과자를 먹는다는 전화를 받았다. 이것이 바로 한계를 극복함(breakthrough)이다! 하늘 문이 열리고 성령의 능력으로 치유하는 능력이 부어졌다는 증거이다.

구약에 기록된 '문'은 구조와 목적을 가지고 있다

구약에 나오는 '문'들의 구조를 이해하면 문의 목적을 이해하는 데 도움이 된다. 구약시대의 문은 우리 세대의 대문과 그 구조가 달랐다. 고대 사회의 성곽에 있었던 문은 간단한 빗장을 가진 대문과는 다르게, 적들이 쳐들어 올 때에 방어하기 위해 강화되어 있었다. 모든 도시들은 성벽으로 둘러싸여 있었고, 그 성곽의 벽에 문이 달려 있어서, 오직 그곳으로만 사람들이 들어오고 나가게 되어 있었다. 성문 위에는 파수꾼의 망대가 있어서 보초를 서면서 출입을 제한하고 감시했다. 파수꾼은 아래에 있는 문지기에게 정보를 제공하고 "들어오게 하라", "정지시켜라" 등의 말을 전했고, 동시에 적들의 동태를 보고하게 되어 있었다.

그러므로 성벽과 성문의 목적은 도시, 거주자, 그리고 그들의 소유물을 적들로부터 보호하는 것이었다. 밤에는 약탈자들이나 강도들 또는 야생 동물들로부터 도시를 보호하기 위해 문을 닫아 버렸다. 또 문을 통해 많은 물품들이 들어오고 나갔다. 도시 안으로 들어오고 나가는 것은 무엇이든지 또한 누구든지 모두 문을 통과해야만 했다. 그것은 다른 길이 없었기 때문이다. 이렇듯 좋은 것이든 나쁜 것이든 모든 것이 '문'을 통해 들어오고 나가고 했다.

벽과 문은 둘 다 몇 피트에 이를 정도로 두꺼웠다. 어떠한 문은 도르래로 열어야 할 정도로 무거웠다. 그러한 문은 좌우로 열리는 것이 아니라, 들리고 내려지는 구조를 가지고 있었다. 시편 24편 7절은 바로 이러한 문을 비유하며 노래하고 있다.

> 문들아 너희 머리를 들지어다 영원한 문들아 들릴지어다 영광의 왕이 들어가시리로다

물론 오늘날의 문과 같이 좌우로 열리는 문들도 있었다. 이사야 45장 2절은 그러한 문을 연상케 한다.

> 내가 너보다 앞서 가서 험한 곳을 평탄하게 하며 놋문을 쳐서 부수며 쇠빗장을 꺾고

이사야가 언급한 문은 바로 바벨론의 문이었다. 바벨론에는 성곽의 한 면에 25개의 문이 있어 사면에 총 100개의 문이 있었다. 그리고 각각의 문은 놋쇠로 만들어져 있었다.

'반즈의 각주'는 이사야 45장 2절의 놋문에 대해 다음과 같이

설명한다.

> 요새의 문을 단단하게 만드는 방법 중 하나는 나무로 만든 문 위에 쇠로 만든 두꺼운 철판을 덧입히는 것인데, 지금도 중동 지방에서 사용하고 있다.

그러므로 하나님께서 고레스에게 이렇게 말씀하시는 것과 같다. "내가 너희보다 앞서 가리라. 점령할 길을 미리 터 놓으리라. 나는 너를 승리로 이끌도록 능력을 부어 준 자가 바로 나임을 알게 하리라. 놋문을 산산조각으로 부수고 쇠빗장을 꺾고 들어간다는 것은 있을 수 없는 일이지만, 그러한 일이 발생할 때에, 너희들은 내가 바로 그러한 기적을 행한 능한 자임을 믿게 되리라. 너희를 승리로 이끌지 못하게 막는 모든 장애물들을 내가 제거하리라."

이사야 45장 2절을 상세히 살펴보는 것은 참으로 중요하다. 왜냐하면 하나님이 개입하시지 않으면, 쇠로 만든 문을 부순다는 것은 불가능하다는 것을 알려 주기 때문이다. 그것은 인간의 힘으로는 도저히 부수고 들어갈 수 없는 탄탄한 문이었다. 그러므로 '부서트리는 자' 이신 하나님의 초자연적인 개입이 필요했다. 하나님은 사람들보다 앞서 가시며 파쇄하시고 돌파하시는 분이다. 오늘날에도 영적으로 동일한 원리가 적용된다. 전혀 다른 새로운 세계로 들어가려면 먼저 도저히 뚫고 들어갈 수 없는 문을 통과해 나아가야 한다. 바로 그러한 돌파를 위해 초자연적인 하나님의 개입하심이 필요한 것이다.

> 전혀 다른 새로운 세계로 들어가려면,
> 우선 먼저, 도저히 뚫고 지나갈 수 없는 문을
> 통과해 나가야 한다.
> 바로 그러한 돌파를 위해서는
> 우리에게 초자연적인
> 하나님의 개입하심이 필요하다.

문 앞에서는 전투가 벌어진다

성경은 문 앞에 문지방이 있다고 이야기한다. 성전 앞에도 문지방이 있었다. 히브리어에는 '문지방'을 뜻하는 단어가 두 가지 있는데, 둘 다 문 앞에서 전투가 벌어짐을 이야기하며 사용되었다.

그중 하나가 **카프**라는 단어이다. 카프는 '문설주', '기둥', '문' 내지는 '문지방'이라는 뜻으로 사용되었다. 카프는 '카파프'라는 단어를 그 어원으로 가지고 있는데, 그 뜻은 '빼앗아 버리다, 종결시키다'이다. 두 번째 단어는 **미프탄**인데, '페텐'이라는 단어에서 파생된 단어로 '뱀과 같이 꼬다'라는 뜻이다. 아폴론 신이 델포이에서 죽인 거대한 뱀 파이톤(python: 비단뱀)과 비슷한 발음이다. 비단뱀들은 먹이를 잡으면, 먹이를 칭칭 감아서 숨 막히게 한 다음 잡아먹는다.

- 두려움과 죽음

일반적으로 두 가지 종류의 적이 문턱에서 우리의 전진을 가로막고 있다. 하나는 두려움을 조장하는 권세로, 우리의 용기를 빼앗아 버린다. 문턱에 선 자가 용기를 잃어버리면 가슴이 철렁 내려앉고, 공포로 덜덜 떨게 되어 있다. 두려움은 우리를 얼어붙게 만들고, 문턱에 서서 머뭇거리게 한다. 그러므로 사단 마귀의 권세는 문턱 앞에 선 자의 용기를 낚아채가 버리는 역할을 한다. 그리고는 마음에 두려움의 씨앗을 심어 놓는다. 그러나 하나님은 우리의 손을 붙잡고, 사단을 뿌리치고, 마귀의 영향권에서 벗어나서, 문을 통과해 다른 편으로 건너가게 하신다.

> 이는 그가 너를 새 사냥꾼의 올무에서와 심한 전염병에서 건지실 것임이로다(시 91:3)

두 번째로 우리에게 다가오는 악한 권세는 질식시켜 죽이는 뱀과 같은 자이다. 문턱에서 우리는 마치 죽을 것 같은 느낌이 든다. 문지방에 선 자는 바로 그것을 극복해야 한다. 악한 자는 우리가 숨을 쉬지 못하도록 막아 버린다. 그러나 하나님은 그때도 나타나셔서 예언적인 호흡을 주시고, 말씀이 홍왕하게 하심으로, 생명이 다시 돌아와 생기를 얻게 해 주신다. 문 앞에 선 자들에게는 위기가 있고, 위기 상황에는 항상 예언적인 말씀이 선포된다. 그리고 그 말씀을 듣고 믿기만 하면 전진할 수 있는 용기가 생긴다. 그러나 그 말씀을 믿지 않으면, 생명과 희망이 없음으로 '문'을 뚫고 지나갈 수 없다.

• 호흡과 예언적인 말씀

전진을 저지하려는 움직임에 저항하고 또한 생명을 으스러뜨리고 숨 막히게 하는 적들의 세력에 대항해야 한다. 성경에서 종종 예언적인 말씀은 호흡에 비유되었다. 특히 에스겔 37장의 예언적인 바람은 생명을 공급해 주는 능력으로 묘사되어 있다. 그러므로 문턱에서 생기를 잃고 우왕좌왕하는 우리에게는 예언적인 말씀이 필요하다. 특히 비전이 없으면 더 이상 앞으로 나아갈 수 없다. 그러면 어두움에 둘러싸인 영적인 장님같이 느껴질 것이다. 길을 잃고 마치 곧 죽을 것 같은 절망감이 엄습해 올 것이다. 식은땀이 흐르고, 숨이 막히며, 어지러워질 것이다. 그러면 앞으로 나아간다는 것은 전혀 불가능해진다.

성령을 소멸하지 말며 예언을 멸시하지 말고(살전 5:19)

그러므로 예언을 멸시하거나 성령을 소멸해서는 안 된다. 예언적인 계시는 생기를 북돋고 비전을 새롭게 해 줌으로 문턱에서의 전투를 승리로 이끌어 주기 때문이다. 나는 개인이나 목회자가 벽에 부딪히는 상황을 수도 없이 목격해 왔다. 완전히 진이 빠지고 용기는 바닥을 치기에, 한 걸음도 전진할 수 없는 상태에 이르는 것을 보았다. 그러나 그 특수한 상황에 대한 예언적인 말씀의 바람이 불어오면, 그 계시의 말씀의 능력으로 그들이 생기를 되찾고, 믿음과 자유함으로 들어가는 것을 많이 봤다. 밑바닥을 치던 사역이 하나님으로부터 오는 초자연적인 계시를 받고 갑자기 떠오르는 것을 목격했다. 이것은 다름 아닌 '부수는 자'의 나타나심이다.

- 악마의 세력의 집결

믿는 자들이 미지의 땅으로 들어가서 점령하려면, 문지방에서 벌어지는 영적인 전투에 가담해야만 한다. 사실, 바로 그곳에 모든 악한 자들의 세력이 집결해서 성도들의 횡단을 저지하고 저항한다. 성전 미문에서 사도 베드로와 요한이 경험한 영적 도약의 예를 한 번 살펴보자. 세상의 주관자들은 "이것이 민간에 더 퍼지지 못하게 그들을 위협하여 이후에는 이 이름으로 아무에게도 말하지 말게 하자"(행 4:17) 하고 공포했다. 세상의 권세자들은 믿는 자들이 세상으로 터져 나오는 것을 막아 보려고 안간힘을 쓰고 있었다. 그러나 사도 요한과 베드로는 문지방을 넘어서 버렸다.

'문턱'이라는 단어를 생각해 보자. 그곳은 일상적인 걸음으로 지나가면 걸려 넘어지는 곳이다. 그곳을 지나가려면 다리를 들어야 한다. 문턱을 넘으려면 에너지가 필요하고, 고통이 수반되기도 한다. 그러나 문턱을 넘어가야만 새로운 발견이 있다. 문턱을 넘어가면 새로운 세계에 다다른다. 그러므로 문턱은 변화가 일어나는 바로 그 순간을 말한다.

- 가장자리

문턱은 '가장자리'를 의미한다. 그러나 새로운 세계로 들어가서 지경을 넓히려면, 가장자리를 넘어가야 한다. 모든 가장자리에는 갈라진 틈새, 절벽, 그리고 떨어짐이 있다. 뛰어넘지 않으면 가장자리에서 밑으로 추락해 버린다. 추락하면 모든 것을 잃어버리게 된다.

그러므로 가장자리에 선 인생은 아슬아슬한 순간들을 맞이하게 되어 있다. 나는 뉴햄프셔에 위치한 워싱턴이라는 산으로 여행을 간 적이 있다. 남편이 운전을 하고 나는 옆 좌석에 타고 있었는데, 산 정상으로 가는 길은 산의 가장자리를 타고 올라가게 되어 있었고 커브 길에는 난간도 없었다. 그때 처음으로 낭떠러지의 아슬아슬함을 실감했다. 숨이 막힐 것 같은 상황들이 벌어졌다. 나는 웃고 장난치는 남편을 더 이상 참고 볼 수가 없었다. "여보! 장난치지 말고, 조용히 운전하세요! 도대체 언제 꼭대기에 도달하는 거예요?" 나는 절벽 위로 달리는 것이 싫었다. 왜냐하면 마치 죽음이 임박한 것 같은 느낌을 받았기 때문이다.

워싱턴 산 정상에 도달했을 때, 우리는 휴게소로 들어갔다. 거기에는 자동차 브레이크가 고장나서 사망한 수많은 사람들의 명단이 걸려 있었다. 그것을 보는 사람마다 위기 의식을 느꼈다. 나의 두려움은 한층 가중되어 산을 내려오는 내내 눈을 감고 기도만 했다. 인간이 가장 두려워하는 순간은, 바로 그 문지방이라는 가장자리에 설 때이다.

> 문턱이라는 곳은
> 최고의 위험성이 도사리고 있는
> 지역을 대변한다.
> 그러나 문을 통과해서
> 다른 쪽으로 이동하려면
> 반드시 뛰어 넘어가야만 하는
> 자리이기도 하다.

- 위험이 도사리는 곳

문턱은 최고의 위험이 도사리고 있는 지역을 대변한다. 그러나 문을 통과해서 다른 쪽으로 이동하려면 반드시 뛰어넘어가야만 하는 곳이다. 그렇게 하려면 반드시 믿음이 세워져야 한다. 믿음이 작동하지 않으면 다른 편으로 뛸 수가 없다. 모든 것을 움켜쥐고 있는 그 자리에서 주저앉아 버리면 영적인 돌파는 일어나지 않는다. 그러나 모든 것을 버리고 뛰어 버리면, 다른 편으로 이동하게 된다. 일단 뛰면, 하나님께서 반대편에서 우리를 받아 주시지 않겠는가?

출애굽기 19장 4절에는 "하나님의 구조하시는 능력의 손길에 대해서 내가 애굽 사람에게 어떻게 행하였음과 내가 어떻게 독수리 날개로 너희를 업어 내게로 인도하였음을 너희가 보았느니라"는 말씀이 나온다. 애굽의 엄청난 세력의 손아귀에서 빠져나올 때, 이스라엘은 믿음의 도약을 해야만 했다. 이스라엘이 일단 뛰어오르자, 하나님께서 독수리 날개를 달아 주셔서 그들로 날아오르게 하셨다. 하나님은 이스라엘과 함께하셔서 홍해를 가르는 기적을 베풀어 주셨다. 그러나 홍해가 갈라지기 전에, 모세는 믿음으로 손을 들어야만 했다. 그들이 먼저 모험심을 가지고 담대함으로 믿음의 발을 떼었을 때, 비로소 하나님의 기적이 임했던 것이다.

건너가기 위해 필요한 것들

• 담대한 행동

담대한 행동은 항상 믿음에서 나온다. 믿음이 충만한 하나님의 사람들은 축복의 문이 열리고 영적인 능력이 쏟아져 내리게 할 만큼 담대하게 행동한다. 물론 그 담대한 행동이 악한 것이면, 악의 강물이 밀려들어 올 것이다. 컬럼바인에서 같은 학급의 친구들을 총기로 난사해서 몰살시킨 사건도 역시 악마적인 믿음에 그 기반을 두고 있었다. 이후로 수많은 총격사건이 학교에서 벌어졌다. 왜냐하면 그러한 종류의 악에 대한 '문'이 열렸기 때문이다.

바울은 에베소에서 담대하게 복음을 전파함으로 의로운 '문'을 열어 놓았다. 사람들만 변화된 것이 아니라 그 사회, 경제적인 구조까지 바뀌었다. 그 도시는 큰 변혁을 맞이하게 되었다(행 19장).

사도들과 사도적인 사명을 이어받은 사람들은 깎아지른 듯한 모퉁이에서 살도록 부르심을 받고 있다. 왜냐하면 그들은 새로운 일을 개척해 나가는 사람들이기 때문이다. 그러나 하나님의 예언적 계시는 항상 떨어지기 직전 절벽에 선 사람들에게 내려지고, 그들은 영적인 돌파를 통하여 전혀 다른 새로운 세계로 들어가게 된다. 그것을 통해 그들은 하나님의 임재를 드러내고 교회와 도시에 영적인 돌파(Spiritual Breakthrough)를 가져온다. 사도적인 사명을 감당하도록 부르심을 받은 사람들은 과감하고, 대범하며, 두려움을 정복하고, 아슬아슬한 순간들을 넘기면서, 하나님이 주시는 비전을 가지고 전진하는 불가능을 가능케 하는 사람들이다. 담대한 행동은 하늘 문을 열고 영적인 능력과 하늘의 축복이 쏟아져 내리게 만든다. 물론, 하나님의 비전을 인간적인 수단으로 획득할 수 있는 것은 아니다. 그러나 하나님께서 주시는 비전을 받은 자들은 문턱에서 믿음과 인내에 대한 시험을 받는다. 그러므로 바로 그 '문지방'에서 영적인 낙태가 발생할 것인지 아니면 영적인 탄생이 일어날 것인지 결정되는 것이다.

- 믿음으로 끝까지 참음

하나님께서는 우리가 많은 것들을 취할 수 있게 허락해 주셨다. 그러나 그것들을 획득하기 위해서는 믿음과 불굴의 인내가 요구된다. 하나님께서는 우리의 믿음과 인내가 자라도록 계속 새로운 도전을 우리 앞에 놓으신다. 그리고 그 강도는 점차로 더 강해져 간다. 그러므로 이스라엘에게 명령하신 것을 마음속 깊이 새겨 둘 필요가 있다.

> 여호와께서 가나안의 모든 전쟁들을 알지 못한 이스라엘을 시험하려 하시며 이스라엘 자손의 세대 중에 아직 전쟁을 알지 못하는 자들에게 그것을 가르쳐 알게 하려 하사 남겨 두신 이방 민족들은 블레셋의 다섯 군주들과 모든 가나안 족속과 시돈 족속과 바알 헤르몬 산에서부터 하맛 입구까지 레바논 산에 거주하는 히위 족속이라 남겨 두신 이 이방 민족들로 이스라엘을 시험하사 여호와께서 모세를 통하여 그들의 조상들에게 이르신 명령들을 순종하는지 알고자 하셨더라(삿 3:1-4)

문이 너무나도 굳게 잠겨 있다는 판단이 서면, 그냥 포기하고 싶은 생각이 백 번도 더 들 것이다. 전쟁에 지치고 피곤해져서 모든 것이 다 귀찮아지기도 할 것이다. 이제는 아무 일도 안하고 마냥 쉬고 싶어질 것이다. 선한 싸움을 싸우기보다는 그냥 편히 쉬는 길을 택하고 싶을 것이다. 그러나 포기하면, 우리에게 주어진 가능성은 실현되지 않는다. 그 결과 문지방에 선 우리는 두려움이나 피곤함에 압도당해 버린다. 자포자기를 선택하는 사람들은, 하나님이 우리 안에 넣어 주신 운명을 거스르는 것이다.

바울은 다음과 같이 말했다. "내가 이미 얻었다 함도 아니요 온전히 이루었다 함도 아니라 오직 내가 그리스도 예수께 잡힌 바 된 그것을 잡으려고 달려가노라 형제들아 나는 아직 내가 잡은 줄로 여기지 아니하고 오직 한 일 즉 뒤에 있는 것은 잊어버리고 앞에 있는 것을 잡으려고 푯대를 향하여 그리스도 예수 안에서 하나님이 위에서 부르신 부름의 상을 위하여 달려가노라"(빌 3:12-14). 바울에 대한 하나님의 계획은 단순히 그를 개종시키는 것이 아니었다. 하나님의 놀라운 일을 하는 사람으로 변화시키는 것이었다. 즉, 모든 이방 족속에게 복음을 전하는 것이었다. 결국 바울은 수많은 역경에도 불구하고, 그 목표를 향하여 달려 나가는 자가 되었다.

• 순종

문턱에서 발생하는 중요한 문제 중에 하나는 누가 조종하느냐는 것이다. 뛰어넘기 위해서는 전능하신 하나님이 조종하실 수 있게 모든 것을 맡겨 드려야 한다. 다른 말로 하자면, 기존에 알고 있던 모든 것을 포기하고 미지의 세계로 뛰어나가는 위험부담을 안아야 한다는 것이다. 그것은 마치 내가 운전하던 자동차 핸들을 하나님의 손에 넘겨 드리는 것과 같다.

- 확실성

  머뭇거림은 문턱에 선 자들의 또 다른 문제이다. 우물쭈물하는 이유는 불확실하기에 결단을 내릴 수 없기 때문이다. 이러한 우유부단함은 우리로 지체하게 하고 시간을 낭비하게 한다. 우리가 망설이는 또 다른 이유는 두려움 때문이다. 두려움은 마음속 깊은 곳에 무엇이 있는지 대변한다. 우리는 누구에게 절을 하고 있는가? 우리는 무엇을 두려워하는가? 우리는 무엇을 잃어버릴 것인가? 우리는 절하는 것을 예배(경배)한다. 당신은 하나님을 예배하는 자인가, 아니면 다른 것을 섬기는 자인가? 엘리야는 백성들에게 선택하라고 도전장을 던졌다.

  > 엘리야가 모든 백성에게 가까이 나아가 이르되 너희가 어느 때까지 둘 사이에서 머뭇머뭇 하려느냐 여호와가 만일 하나님이면 그를 따르고 바알이 만일 하나님이면 그를 따를지니라 하니 백성이 말 한마디도 대답하지 아니하는지라(왕상 18:21)

  야고보 사도도 이와 비슷하게 망설이며 왔다 갔다 하는 자들에게 결단할 것을 종용하였다.

  > 오직 믿음으로 구하고 조금도 의심하지 말라 의심하는 자는 마치 바람에 밀려 요동하는 바다 물결 같으니(약 1:6)

  문턱에서 도전하시는 예수님의 말씀은 마치 큰 종소리와 같이 울려 퍼진다. 마가복음 8장 34-36절에서 예수님은 제자들에게 이렇게 도전하셨다.

무리와 제자들을 불러 이르시되 누구든지 나를 따라오려거든
자기를 부인하고 자기 십자가를 지고 나를 따를 것이니라 누구
든지 자기 목숨을 구원하고자 하면 잃을 것이요 누구든지 나와
복음을 위하여 자기 목숨을 잃으면 구원하리라 사람이 만일 온
천하를 얻고도 자기 목숨을 잃으면 무엇이 유익하리요

사도적인 사명을 감당하는 교회가 부상할수록, 자기를 버리고 하나님의 뜻에 순종하는 무리들이 많은 열매를 맺으면서 압도적인 승리를 거둘 것이다.

• 포기

하나님은 문턱에 서 있는 자를 시험하신다. 하나님의 뜻에 온전히 순종하는지에 대한 시험이다. 십자가를 지고, 자기를 버리고, 자신의 생각을 포기하고, 하나님이 제시하시는 방향대로 따라가는지 보시는 것이다. 자신을 버리는 자는 자신을 도로 찾게 될 것이다. 그리고 자신이 진정으로 누구인지 발견하게 된다. 문턱 앞에서 우리는 자신의 권리를 모두 포기하고 하나님의 영광스러운 미래를 취한다. 자신을 잃어버리는 자는 진리의 삶으로 다시 태어날 것이다.

요한복음 4장 34절에서 예수님은 "나의 양식은 나를 보내신 이의 뜻을 행하며 그의 일을 온전히 이루는 이것이니라"고 말씀하셨다. 나의 뜻이 아닌 오직 하나님의 뜻을 이루고자 하는 자들은 시험을 통과해 나오게 된다. 예수님은 일생동안 가장자리로 떠밀리시기도 하며 인생의 절벽에서 기도하셨다. 그러나 항상 자신의 뜻이 아닌 하나님의 뜻을 구함으로 오직

하나님의 영광을 추구하는 삶을 사셨다. 그리함으로 항상 영적인 양식으로 힘을 얻고, 날마다 능력이 더하여졌으며, 아버지의 뜻에 온전히 순종함으로 결국 최고의 승리에 도달하게 되었다.

강을 건너 약속의 땅으로 들어가려는 모든 사람들은 자신에게 가장 값지다고 생각하는 것들을 과감하게 버릴 각오가 되어 있어야 한다. 물건을 버리기도 하고, 태도를 바꾸기도 하고, 자신의 꿈을 포기하기도 해야 한다. 또한 인간관계를 끊어버리기도 하고, 욕망을 접어두기도 하며, 안정감의 망을 벗어버리기도 해야 한다. 건너편으로 뛸 때에 장애가 되는 모든 것을 버리고 떠날 준비가 된 자들은 가볍게 뛰어넘을 수 있다.

그러나 버리지 않으면, 우상숭배의 무거움이 우리를 짓누를 것이다. 그러한 무거움은 우리로 하여금 제대로 뛰어넘을 수 없게 만든다.

우상 앞에 무릎을 꿇는 모든 사람은 결단코 영적인 돌파를 경험하지 못할 것이다. 영적 돌파를 한다는 것은 뛰어넘기에 합당하지 않은 모든 것을 던져 버린다는 것을 전제로 하기 때문이다.

우리들은 궁극적으로 승리하거나 패배할 것이다

문 앞에서 우리들은 결국 이기거나 질 것이다. 그러므로 성경은 문을 통과해 나가도록 종용한다. 우리는 협박, 믿음 없음, 두려움, 희망 없음, 절망감, 적을 도저히 이길 수 없으리라는 불안과 걱정을 돌파해 나가야만 한다. 문지방 앞에서 우리는 뒤로 물러

서든지 아니면 뛰어넘든지 둘 중에 하나를 선택해야 한다. 그러나 일단 영적인 돌파를 하고 나면, 우리는 놀라우신 하나님의 뚫고 지나가시는 초자연적 기름부으심이, 우리 앞에서 부서트리고 무너트리며 진행하는 것을 경험하게 될 것이다. 하나님은 모든 장애물을 부수고 우리를 승리로 이끄시는 분이다. 그러면 난관은 극복된다. 일단 영적인 돌파가 이루어지면 그 시즌에 취해야 할 하나님의 기업을 얻게 되어 있다. 건너가기만 하면 그곳에는 성장과 풍성함이 우리를 기다리고 있다. 바로 거기에서 우리는 하나님을 다시 한 번 새롭게 만나게 된다.

그러나 반대로 도약하기를 거부하는 사람은 거기에서 멈추어 선다. 그리고는 곤경에서 빠져나오지 못하게 된다. 창대케 되기를 바라는 사람마다, 멈추어 섰던 곳으로 다시 돌아가야 한다. 포기할 것을 철저하게 포기해 버리고, 영적인 돌파를 하는 사람마다 그곳에서 전혀 새로운 방식으로 하나님을 만나게 될 것이다. 하나님의 새로운 계시가 물 밀 듯 몰려올 때에, 왜 그 당시에 머뭇거렸는지 의아해하게 될 것이다. 믿음이 없이는 하나님을 기쁘시게 할 수 없다. 그래서 믿음의 사람들에게 시험이 있다 할지라도, 도리어 믿음의 사람들은 믿음의 승리가 있는 바로 그 가장자리로 수없이 다시 돌아오게 되는 것이다.

지옥의 문은 창대케 되지 못하리라

예수님은 베드로에게 하나님의 교회가 그의 터 위에 세워지리라고 말씀하셨다. 예수님은 "또 내가 네게 이르노니 너는 베드로라 내가 이 반석 위에 내 교회를 세우리니 음부의 권세가 이기지 못하리라"(마 16:18)고 말씀하셨다.

    문턱에서는 모든 것을 잃어버릴 것만 같은 기분이 든다. 또 금방이라도 죽을 것 같은 기분이 들기도 한다. 또한 압도당하고 정복당한 것 같은 기분이 들 수도 있다. 그러나 예수님의 약속에 따르면, 지옥의 문은 교회를 이기지 못하게 되어 있다. 죽음은 우리를 건드리지 못한다. 사실 문 앞에서 새로운 생명의 힘인 부활의 권능이 나타나게 되어 있다. 문을 통과하기만 하면, 새로운 바람이 불고, 새로운 능력, 승리, 생명, 자유 그리고 기쁨이 부어질 것이다. 부서트리는 자가 우리보다 앞서 가시며 문을 파쇄하고 길을 활짝 여실 것이기 때문이다!

chapter 06

좁은 공간에 끼어버림

그리스도인으로 살다 보면 벽에 부딪히는 상황에 자주 봉착한다. 우리가 미래를 새로운 방법으로 대처해 나아가야만 하는 순간이다. 그곳에서 우리는 그냥 거기에 머무를 것인가, 아니면 모든 것을 걸고 위험을 무릅쓰고 앞으로 전진할 것인가를 결단해야만 한다. 그러나 그냥 그 자리에 주저앉기로 결심하면, 퇴보를 선택하는 것이나 다름 없다. 바로 그 벽 앞에서 하나님은 우리에게 전진할 수 있는 기회를 허락하신다.

벽에 부딪힌다는 것은 위기상황을 상징한다. 우리를 문으로 이끄는 도전 자체는 위기가 아닐지도 모른다. 그러나 우리가 반응한 것으로 인하여 위기가 올 수도 있다. 외적인 갈등과 내부적인 혼돈이 결국 위기를 더욱 고조시킨다. 그래서 정확하게 인식

하지 못하면, 일어서지도 못하고 침체의 늪에 빠져들기 쉽다. 우유부단한 태도는 부정적인 감정을 유발시킬 뿐만 아니라 적들에게 침공을 당하게 만들 수도 있다.

문 앞에 선 자들의 심리적인 상태를 파헤침

뚫고 지나가야 할 문 앞에 이르렀을 때, 벽에 부딪히는 것과 비슷한 상황이 벌어진다. 우리는 종종 그러한 문 앞에 서게 된다. 그러나 그 한계의 문 앞에 서게 되면 우리는 이상하게도 마음이 침체된다. 정확하게 상황을 파악하기 어렵기에 마음은 불확실성, 우려, 겁먹음, 절망이라는 애매모호한 감정들에게 정복당한다. 그것이 바로 문 앞에서 벌어지는 영적 전쟁이다. 문 앞에서 우리는 내부의 적에 직면한다. 그 내부의 적들은 조상이나 적들로부터 물려받은 죄, 연약함 등이다(바로, 산발랏, 도비야 등은 외부적인 적들이다. 바로 왕은 모세와 이스라엘 사람들을 대적하였다. 산발랏과 도비야는 부정적인 견해를 퍼뜨림으로 이스라엘 사람들을 주눅 들게 만들었다).

문 앞에서 우리는 미래에 대한 불안감에 휩싸인다. 그러므로 우리가 전진하고자 결심하지 않으면, 곧이어 절망이 우리를 공격하기 시작한다. 우리의 과거 경험은 현재의 반응에도 영향을 미친다. 과거의 경험이 실패와 상실이었다면, 적군은 거인같이 보이고, 자신은 메뚜기 같다는 생각이 들 것이다.

그러면 절망감과 낙망이 우리를 압도해 버리고, 미래에 대한 모든 희망은 땅 밑으로 기어들어가 버린다. 진정으로 희망이라는 것은 전혀 상상도 할 수 없는 것같이 느껴진다. 갈라진 좁은 틈새에 끼어 옴짝달싹 못하게 된 것처럼 느껴진다. 빠져나갈 구멍이 보이지 않는다. 오직 어두움의 그늘이 우리의 마음에 엄습하고 모든 기력이 쇠하게 된다.

좁은 곳을 이해하기

성경은 좁은 곳에 관하여 다음과 같이 말씀한다. "여호와의 사자가 더 나아가서 좌우로 피할 데 없는 좁은 곳에 선지라"(민 22:26). 이것은 바로 문 앞에 선 사람들의 마음을 대변한다. 너무 좁아서 앞으로 가지도 못하고 뒤로 가지도 못하는 상황인 것이다. 전진하려면 부수는 자의 도움이 필요하다. 돌파하시는 하나님의 기름부으심 없이는 한 발자국도 앞으로 나갈 수 없기 때문이다. 그러면 십중팔구는 뒤로 물러서게 되어 있다.

사무엘상 13장 5-6절은 그 난관의 문에 이르렀을 때 사람들이 보이는 반응에 대해 기록하고 있다.

> 블레셋 사람들이 이스라엘과 싸우려고 모였는데 병거가 삼만이요 마병이 육천 명이요 백성은 해변의 모래같이 많더라 그들이 올라와 벧아웬 동쪽 믹마스에 진 치매 이스라엘 사람들이 위급함을 보고 절박하여 굴과 수풀과 바위틈과 은밀한 곳과 웅덩이에 숨으며

물론 우리는 문자 그대로 바위틈으로 들어가서 숨지는 않을

것이다. 그러나 자신이 안전하다고 생각하는 장소로 물러가서 거기에 숨어 싸움에 참여하지 않으려고 이 모양 저 모양으로 움츠러든다.

좁은 곳을 정의하기

'좁은' 이라는 단어는 종종 '어려운' 이라는 뜻으로도 쓰인다. 바울은 "우리가 사방으로 우겨쌈을 당하여도 싸이지 아니하며 답답한 일을 당하여도 낙심하지 아니하며"(고후 4:8)라고 말했다. '우겨쌈을 당한다' 는 것은 문자적으로는 '좁은 곳에 끼었다' 는 뜻이다. 또한 "돌로 치는 것과 톱으로 켜는 것과 시험과 칼로 죽임을 당하고 양과 염소의 가죽을 입고 유리하여 궁핍과 환난과 학대를 받았으니"(히 11:37)라는 표현에서 보듯이 '환난' 이라는 뜻으로 쓰이기도 한다.

구약에서 '좁은 곳' 이라는 단어는 '답답한 곳', '문제', '수많은 적과 부딪힘', '역경', '난관', '환난', '곤경', '악한 자', '대적', '작은', '애통', '고뇌', '난국', '곤란', '비탄', '걱정', '폐쇄' 라는 뜻으로 사용되었다. 이 단어는 극심한 불편을 나타내는 말로, 운명의 바람이 반대편으로 불어 참패를 당하는 것 같은 느낌을 말한다. 감정이나 믿음에 있어서 적들에게 완전히 압도당하고 억눌린다는 뜻이다.

우울함이 우리의 가슴을 메우고, 자포자기와 절망이 우리의 마음을 주관하는 경우가 있다. 그러면 심지어 성경의 진리까지 부정하게 된다. 하나님은 우리에게 희망을 주시는 하나님이라고 말씀하셨지만, 그것조차 믿어지지 않는다. "여호와의 말씀이니라 너희를 향한 나의 생각을 내가 아나니 평안이요 재앙이 아니니라 너희에게 미래와 희망을 주는 것이니라"(렘 29:11). 어려운 상황에도 불구하고 믿으라! 이스라엘은 죄악으로 말미암아 애굽과 바벨론에 노예와 포로로 잡혀갔지만, 우리 하나님은 항상 빠져나올 길을 마련해 주셨다.

> 그들이 그 환난 때에 이스라엘 하나님 여호와께로 돌아가서 찾으매 그가 그들과 만나게 되셨나니(대하 15:4)

> 이에 그들이 근심 중에 여호와께 부르짖으매 그들의 고통에서 건지시고(시 107:6)

위 성경구절에서 좁은 곳이라는 단어는 '환난' '근심' '고통'으로 번역되었다. 하나님은 좁은 곳에 끼어 있는 이스라엘을 발견하시고 그들을 구원해 주셨다.

새로운 역사를 창조하기 위한 기회를 발견해내기

문 앞에서 우리는 새로운 역사의 장을 열 수 있는 기회를 맞이한다. 역사라는 것은 다름 아닌 우리의 과거를 돌아보는 것이다. 우리는 종종 미래를 자신의 과거에 비추어 예견하는 습관이 있다. 그래서 하나님은 이스라엘 사람들에게 과거에 하나님께서 그들에게 행하신 기적들을 자꾸만 기억하라고 명령하셨던 것이다.

특히 악한 자의 손에서 건져 내신 출애굽 같은 사건들을 말이다. 하나님은 심지어 이스라엘 자손들에게 승리의 리허설(극화된 연습)을 하라고 명령하셨다. 그렇게 하면 자녀들의 마음판에 하나님이 항상 승리로 이끄시는 분으로 각인되어질 것이기 때문이다. 특히 이스라엘의 아버지들은 자녀들에게 과거에 하나님께서 베푸신 구원의 역사를 그대로 재현하여 훈련시킬 의무가 있었다.

나는 고린도후서 2장 14절 말씀을 좋아한다. "항상 우리를 그리스도 안에서 승리하게 하시고 우리로 말미암아 각처에서 그리스도를 아는 냄새를 나타내시는 하나님께 감사하노라." 이 말씀은 왕 중의 왕이신 하나님께서 우리보다 앞서 가시며, 우리로 승리케 하시는 분임을 말해 준다.

> 문 앞에서는 기로에 서 있게 된다.
> 그러나 우리가 여행하는
> 길의 선택에 따라서
> 수확과 기업의 크기가 결정될 것이다.

만약에 우리의 과거가 실패, 패배, 상실로 얼룩진 것이라면, 문 앞에서 믿음을 세우기가 참으로 어렵다는 것을 발견하게 된다. 그러나 문 앞에서는 새로운 역사를 만들어 낼 수 있다. 하나님 앞에서 비장한 각오로 결단을 내리면 얽어매던 과거의 줄이 끊어지고, 하나님의 능력이 나타나며 상황은 변화된다. 그 결과 성공과 승리라는 새로운 경험을 하게 되는 것이다.

문 앞에 선 자는 기로에 서게 된다. 그러나 우리가 여행하는 길에 따라 수확과 유산의 정도가 결정될 것이다. 바울은 말하기를 "스스로 속이지 말라 하나님은 업신여김을 받지 아니하시나니 사람이 무엇으로 심든지 그대로 거두리라"(갈 6:7)고 하였다. 믿음의 씨앗을 심으면 믿음의 열매를 거둔다. 그러면 약속을 기업으로 받게 될 것이다. 그러나 의심과 불신앙의 씨앗을 심으면 열매는 없다.

이스라엘이 항상 처했던 곤경은 상황의 어려움이 아니라 믿음 없음이었다. 두려움을 통해 슬그머니 들어온 의심과 불신앙이 그들로 하여금 약속의 유업을 받지 못하게 만들었다. 결국 믿음 없던 세대는 모두 죽고 믿음이 있는 세대가 일어날 때까지 하나님의 약속을 취할 수 없게 되었다. 약속의 땅 가나안 정복은 먼저 그들 안에 있는 내부의 적들, 곧 두려움, 의심, 불신앙을 극복하기 전까지 이루어지지 못했다.

문턱에서 두려움이 아닌 믿음을 설립하기

바울은 디모데에게 조언하기를, 하나님이 주신 영은 두려움의 영이 아니라고 역설하였다. "하나님이 우리에게 주신 것은 두려워하는 마음이 아니요 오직 능력과 사랑과 절제하는 마음이니"(딤후 1:7). 이 구절에서 '두려워하는 마음'이란 '겁 많음, 소심함, 의기소침함' 등을 의미한다. 두려워하는 마음은 두려움의 영으로부터 온다. 즉, 두려움이 오는 것은 믿음을 약화시키기 위한 악한 자의 전략 중 하나이다. 가나안 땅으로 들어가기 위해서는,

사단-마귀의 '할 수 없다'는 음성을 듣지 않는 백성이 일어날 때까지 40년을 기다려야만 했다.

　문지방을 통과하는 열쇠는 믿음이다. 믿음이 하나님을 일하시게 만든다. 히브리서 11장은 믿음의 정의와 성취에 대해 말하고 있다. 문 앞에 서 있는 자에게 필요한 것은 믿음이다. 그래서 우리의 믿음을 빼앗아 가려는 전쟁이 벌어지는 것이다. "근신하라 깨어라 너희 대적 마귀가 우는 사자같이 두루 다니며 삼킬 자를 찾나니"(벧전 5:8). 울부짖는 사자 앞에서는 사람들이 두려워 떤다. 그럼에도 불구하고, 다시 한 번 반드시 기억하고 강하게 붙들어야만 하는 하나님의 말씀이 있다.

> 하나님이 우리에게 주신 것은 두려워하는 마음이 아니요 오직
> 능력과 사랑과 절제하는 마음이니(딤후 1:7)

　우리 영혼의 적들은 문 앞에 선 자의 시선을 흐트러뜨리려고 한다. 두려움을 보내어 사람을 얼어붙게 만든다. 그러나 우는 사자가 아닌 다른 종류의 사자도 있다. 그분은 유다 지파의 사자이신 전능하신 용사, 예수님이시다. 그분은 우리를 위하여 싸우시며, 모든 막힌 담을 허물어 버리시고 닫힌 문을 여신다.

저항을 깨뜨리기

　바울은 말하기를, "그러므로 믿음은 들음에서 나며 들음은 그리스도의 말씀으로 말미암았느니라"(롬 10:17)고 하였다. 여기에

서 말씀이라는 헬라어는 '레마'이다. 레마는 우리에게 주어진 살아 계신 하나님의 개인적인 말씀이다. 성경을 읽다 보면, 갑자기 말씀이 우리의 영혼 깊은 곳으로 들어오면서 살아 생동하는 '레마'가 되는 것을 경험할 것이다. 아니면 목회자의 설교를 듣다가 갑자기 그 말씀이 우리 존재의 중심을 때리는 것을 경험하기도 한다. 이러한 하나님의 개인적인 말씀은 성경, 설교, 예배, 기도를 통해 우리 영혼 깊숙한 곳으로 흘러들어 온다. 믿음의 정도를 걸으며 앞으로 전진하고자 하는 모든 사람에게는 이 예언적인 말씀―레마―이 필요하다.

> 하나님의 말씀은 승리와 찬란한 미래에 관한 약속으로 가득 차 있다.

잠언 29장 18절은 꿈이 없는 백성은 망한다고 하였다. 히브리어 원어를 그대로 해석하자면, 예언적인 전달(수여: impartation)이 없으면, 우리의 마음은 처지고 목적과 방향 감각을 잃어버림으로 멸망하게 된다는 뜻이다. 다른 번역본은 "예언이 없을 때는 사람들이 오만방자해진다"고 번역하였다("묵시가 없으면 백성이 방자히 행하거니와 율법을 지키는 자는 복이 있느니라" ―우리말 번역).

많은 사람들이 침체에 빠져 있으며, 그것이 과거에 악전고투

한 삶에서 온 피해라고 생각한다. 그러나 사실 진짜 문제는 지금 전쟁을 치르는 그곳에서 좁은 곳에 끼어 꼼짝도 못하고 있다. 좁고 깊게 갈라진 틈새에 끼어 스스로 나오지 못하고 있는 것이다.

몇 년 전에 캘리포니아의 한 소년이 두 개의 산 사이에 있는 좁은 틈으로 떨어졌다. 그 사이에 끼어 움직일 수도 없고 나올 수도 없었다. 다른 사람들도 그 깊이까지 도달할 수 없었다. 그래서 사람들은 구조대를 불렀다. 구조팀은 현대 장비를 싣고 왔지만, 소년이 틈새에 꽉 끼어서 밧줄로 매어도 끌어올릴 수가 없었다. 그래서 먼저 틈새에서 느슨해지게 하는 작업을 몇 시간 동안 벌였다. 그럼에도 불구하고 별다른 효과가 없었다.

그런데 구조원 중에 한 사람이 꾀를 내어 그 소년의 몸에 식용유를 붓기로 하였다. 소년의 몸이 기름에 젖으면 미끌미끌하게 되어 잘 빠져나오리라 기대했던 것이다. 예상대로, 기름이 부어지자, 소년은 느슨해지고 좁은 틈새로부터 빠져나와 자유롭게 되었다.

새로운 기름부으심이 필요함

사람들에게 필요한 것은 새로운 기름부으심이다. 소년의 몸에 부어진 기름과 같이, 꽉 낀 틈새로부터 빠져나오려면 새로운 기름부으심이 필요하다. 혹시 기름을 바른 돼지들을 가지고 경주를 벌이는 것을 본 적이 있는가? 간단하게 말하자면, 기름이 번들거리는 돼지들을 잡는 게임이다. 기름을 발라 놓은 돼지들은 너무나 미끄러워서 사실 잡을 수가 없다. 우리 믿는 자들도 기름을 바른 돼지들처럼 될 필요가 있다. 그러면 사단-마귀가 붙잡지 못할 것이다.

> 그날에 그의 무거운 짐이 네 어깨에서 떠나고 그의 멍에가 네 목에서 벗어지되 기름진 까닭에 멍에가 부러지리라(사 10:27)

우리 믿는 자들은 자신이 만들어 낸 가짜 믿음을 떨쳐 버리고, 하나님의 말씀으로 나아가야 한다. 하나님이 주시는 신선한 예언의 바람을 타고 믿음과 비전이 새로워져야 한다. 하나님의 말씀은 우리의 승리와 찬란한 미래에 관한 약속으로 가득하다. 성경에 있는 모든 것은 예수님의 십자가와 부활에 관한 것이다. 예수님은 죽음을 통과해 나오셨을 때 궁극적이며 영적인 돌파(breakthrough)를 경험하셨다. 예수님은 죽음의 문을 통과해 나가셔야만 했고, 돌파하셨다. 예수님 때문에 우리는 지옥의 문이 세상을 다스리지 못함을 안다. 만약에 우리가 믿음에도 불구하고 상황을 극복하지 못한다면, 성경은 거짓말로 도배된 책이 될 것이다.

내가 아는 많은 성도들이 문 앞에 도달했을 때, 뭔가 강한 바람이 그들을 쳐서 넘어지게 하는 경험을 하였다고 한다. 그들이 경험한 저항이라는 것은 참으로 사람을 질리게 하는 '압도당함'이었다고 한다. 어떤 사람들은 헤어 나오지 못하는 침체의 늪에 빠진 것이 아닐까 하는 생각이 들었고, 다른 사람들은 우울증에 걸렸다고 생각했다. 악한 자는 우리로 하여금 부정적인 사실에 집착하고 매달리게 조장한다. 문 앞에서 질린 사람들은 세상의 의사들을 찾아가기도 하고 약물에 의존하기도 한다. 그러나 그들에게 진짜로 필요한 것은 하나님의 음성이고 그에 따른 단호한 결단이다. 그럼에도 불구하고, 그들은 뒤를 돌아보며 이렇게 말하곤 한다. "나에게 과거에 발생한 부정적인 일들을 바라보아라. 확실한 증거가 있지 아니하냐? 하나님께서 약속하신 것들이 있기는 하지만, 적어도 나에게는 아직도 약속의 효력이 발생하지 않고 있지 않은가?" 그래서 예언적인 말씀이 문 앞에서 전쟁에 직면하게 되는 것이다.

미래를 받아들이기 위해 과거를 내보내기

성경에 나오는 많은 사람들이 과거에 충격적이고 깊은 상처를 수도 없이 겪었다. 그럼에도 불구하고 그들은 승리의 삶을 살았다. 에스더는 바벨론 포로기에 고아가 되었다. 그러다가 사촌인 모르드개의 눈에 띄게 되었다. 나중에 그녀는 왕의 호의를 입은 자가 되었다. 그리고 그러한 호의로 인하여 민족을 구하는 여인이 되었다. 만약에 그녀가 자신의 부정적인 과거에 매달려 있었다면 어떻게 되었을까? 버려졌던 자신의 과거를 원망하고 분노에 사로잡혀 일생을 살았더라면 어땠을까? 그랬다면 왕궁에서 왕과 함께 지낼 수 없었을 것이고, 자신의 백성을 구원하는 역사도 일으키지 못했을 것이다.

요셉은 그의 모든 형제들에게 버림을 받았다. 뿐만 아니라 많은 사람들에게 학대를 당했다. 그러나 그는 그 모든 학대와 거절의 자리에 머물러 있지 않았다. 요셉은 움직였으며, 비록 악한 자가 어린 시절에 당한 거절과 학대를 이용하여 그를 넘어뜨리려 했음에도 불구하고, 하나님이 어떠한 목적을 가지고 계시다는 것을 인지하였다. 그는 결국 애굽의 총리가 된다. 요셉의 형들이 요셉을 버렸고, 그를 노예로 판 것은 사실이 아닌가? 그러나 요셉은 전혀 다르게 설명한다.

> 당신들이 나를 이곳에 팔았다고 해서 근심하지 마소서 한탄하지 마소서 하나님이 생명을 구원하시려고 나를 당신들보다 먼저 보내셨나이다 이 땅에 이 년 동안 흉년이 들었으나 아직 오 년은 밭갈이도 못하고 추수도 못할지라 하나님이 큰 구원으로 당신들의 생명을 보존하고 당신들의 후손을 세상에 두시려고 나를 당신들보다 먼저 보내셨나니 그런즉 나를 이리로 보낸 이는 당신들이 아니요 하나님이시라 하나님이 나를 바로에게 아버지로 삼으시고 그 온 집의 주로 삼으시며 애굽 온 땅의 통치자로 삼으셨나이다(창 45:5-8)

'인생을 재정리하고자 하는 자는 반드시 믿음의 눈으로 모든 것을 다시 바라보아야 한다'—과거의 학대와 불행까지도 포함하여. 특히 우리를 붙들고 있는 것들과 우리가 앞으로 나가지 못하게 막고 있는 것들을 기도와 말씀으로 뚫어지게 바라보며, 성령의 기름부으심으로 부수고 나아가야 한다. 그러므로 기독교적인 카운슬링의 목적은 단순히 위로와 치유 받는 것을 넘어 우리의 삶이 새로워지고 운명이 바뀌도록 치유하는 데 있다고 말할 수 있다.

chapter 07

장애물이 무너져 내린 결과

 남편이 죽은 뒤, 아들과 며느리는 나와 함께 있어 줄 어떤 존재가 필요하다고 느낀 것 같다. 그래서 그들은 나에게 강아지 한 마리를 선물해 주었다. 나는 그 강아지에게 '미씨' 라는 이름을 붙여 주었는데, 미씨는 나에게 '문' 과 '문을 부숨' 에 관한 교훈을 가르쳐 준 장본인이다. 미씨에게 문이라는 것은 정복하기 위해 있는 것 같았다. 비록 10파운드밖에 안 되는 강아지이기는 하지만, 미씨는 부엌과 거실 사이에 내가 만들어 놓은 '문' 을 끊임없이 뛰어넘었다.
 내가 도시를 떠나 강연을 하러 간 어느 날, 미씨는 부엌 문을 넘어 거실을 통과하여 현관문 앞에 떡 하니 앉아서 자기를 돌봐 줄 사람을 기다리고 있었다고 한다. 문은 있으나마나한 것이 되었고, 돌봐 주는 사람이 올 때마다 미씨는 항상 현관 앞으로 마중을 나가곤 하였다. 그래서 나는 미씨를 부엌에 가두어 놓을 새로운 방법을 강구해야 했다.

우리도 마찬가지다. 일단 문을 통과해 나가 버리면, 그 문은 더 이상 문제가 되지 않는다. 새로운 경지의 믿음으로 들어갔기에, 비슷한 종류의 문은 얼마든지 드나들 수 있게 된다는 뜻이다. 이전에 장애가 되었던 것도 이제 더 이상 문제가 되지 않는다. 우리는 더 높은 수준에서 신앙 생활을 하게 되며, 또 다른 새로운 도전을 받아들일 준비가 된다. 그러면 항상 새로운 도전이 우리 앞에 다가오게 되어 있다. 그러나 새로운 도전을 받아들이고 극복하려면, 더 새로운 믿음과 더 높은 수준의 기름부으심이 필요하다. 그래서 우리는 '믿음에서 믿음으로' 가는 것이다.

파쇄하고 돌파하시는 분이 바로 우리 앞에 계신다

부서트리는 분이 우리 앞에 계신다. 하나님은 적당히 부수는 분이 아니다. 그분은 뚫고 지나가는 일에 명수이시다(삼하 5:20). 그러므로 사도적인 교회는 구멍을 뚫고, 뚫린 구멍으로 나간다. 우리 세대는 이전의 세대가 맛보지 못한 기쁨, 담대함, 용기, 능력, 그리고 환호성을 경험하기 일보 직전이다. 이유가 뭘까? 하나님께서 뚫고 지나가는 기름부으심으로 축복해 주시기 때문이다. 하나님의 부서트리고 무너트리는 기름부으심이 성령을 통해 우리에게 마구 쏟아 부어지고 있다. 이제 우리의 인생을 가로막고 방해하던 모든 것들이 점차 사라지게 될 것이다. 그러면 살맛이

날 것이다.

한계의 극복이 교회에 미치는 영향

　한계의 극복(break through: 뚫고 지나가 버림, 큰 발전, 약진)은 단순히 영적인 세계에서만 일어나는 현상이 아니다. 영적인 세계에서 발생한 일은 육적인 세계에 영향을 미친다. 혹자는 영적인 일에만, 다른 사람들은 육적인 일에만 관심이 있다. 그러나 그 둘은 서로 연결되어 있다. 하나님의 파쇄하는 기름부으심은 물질세계에 그 결과가 나타난다. 기도의 결과가 신문지상에 어떤 사건으로 보도되기도 한다. 우리가 중보기도를 드린 어떤 사람이나 어떤 환경이 변화되는 것을 직접 눈으로 목격하게 된다. 영적인 세계에서 막혔던 것이 뚫리면, 육적인 세계에 그 결과가 나타난다. 영적인 한계의 극복은 교회에도 그 영향력이 현저하게 나타나게 되어 있다.

• 확대된 지경
　난관을 극복하고 영적인 돌파에 성공하면, 점차로 지경이 넓어진다. '한계를 넘어섬'이란 다름 아닌 '널리 퍼져 나감'이다. 미가서 2장 13절에 의하면, 문을 부수고 나갔을 때, 더 넓은 지역으로 퍼져 나갔다. 성경은 또한 좁은 골짜기를 통과해 나가는 것에 관하여 말씀한다. 하나님이 역사하시면 우리는 풍성해지고 광대한 지역으로 확장되어 나가게 된다. 이사야 49장 19절은 "이는 네 황폐하고 적막한 곳들과 네 파멸을 당하였던 땅이 이제는 주민이 많아 좁게 될 것이며 너를 삼켰던 자들이 멀리 떠날 것이니라"고 말씀한다. 또한 창세기 28장 14절에는 "네 자손이 땅의 티끌같이 되어 네가 서쪽과 동쪽과 북쪽과 남쪽으로 퍼져 나갈지며 땅의 모든 족속이 너와 네 자손으로 말미암아 복을 받으리라"고 기록되어 있다.

• 숫자의 늘어남과 축복

문이 부서지고 문을 통과해 나가면, 풍성한 축복으로 들어가게 되어 있다. 문을 부수는 자는 추수를 가져오는 자이다. 사도행전에 나타난 초대교회처럼 교회에는 숫자적인 성장이 있을 것이다. 그리고 사도행전의 교회처럼 이 땅 구석구석으로 퍼져 나가게 될 것이다. 이미 북미에서는 그러한 현상이 나타나고 있다. 아프리카, 남미, 아시아에서 하룻밤 사이 수많은 사람들이 회개하고 개종하는 역사가 일어나고 있다.

남아프리카에서 목회 사역을 하는 친구가 있는데, 그의 교회는 3년 사이에 교인이 1,000명인 교회로 성장했으며, 3개의 개척 교회를 세웠다. 모잠비크에 그가 개척한 교회는 갑자기 교인이 5,000명 이상으로 급성장하였다. 그러나 그 사람들에게는 그러한 성장이 기이한 현상이 아니다.

증대는 또한 재정에도 영향을 미친다. 부수는 자가 올 때에, 그분은 교회의 영광을 드러내신다. 에스겔 10장 3-4절은 문지방을 넘어서는 영광을 말하고 있다.

> 그 사람이 들어갈 때에 그룹들은 성전 오른쪽에 서 있고 구름은 안뜰에 가득하며 여호와의 영광이 그룹에서 올라와 성전 문지방에 이르니 구름이 성전에 가득하며 여호와의 영화로운 광채가 뜰에 가득하였고

바로 그 문지방으로부터 영광이 흘러넘쳐 나온다. 영광이 있는 그곳에 하나님이 임재하신다. 그러나 단순히 하나님이 함께 하심이 아니라, 놀라운 재정적인 축복도 따라온다. 재정은 항상 영광과 맞물려 있다.

> 또한 모든 나라를 진동시킬 것이며 모든 나라의 보배가 이르리니 내가 이 성전에 영광이 충만하게 하리라 만군의 여호와의 말이니라 사모하는 것이 은도 내 것이요 금도 내 것이니라 만군의 여호와의 말이니라 이 성전의 나중 영광이 이전 영광보다 크리라 만군의 여호와의 말이니라 내가 이곳에 평강을 주리라 만군의 여호와의 말이니라(학 2:7-9)

이미 앞에서 언급했지만, 초대교회는 재정적으로 부족함이 없었다. 자원하여 기쁨으로 드렸다는 것은 영적 도약이 있었다는 증거이다. 하나님의 교회가 탄생하면, 물질이 마구 쏟아 부어진다. 성경을 통해 볼 때, 영적인 돌파가 있었던 교회마다 물질의 풍성함과 형통함이 있었다.

창세기 30장 43절에 의하면, 야곱의 집에 하나님이 축복을 내려 주심으로 라반의 소유가 늘어났다고 한다. 야곱이 하나님의 호의를 입고 축복의 자리에 있었기 때문이다. 일단 하나님이 교회를 맡아서 주관하시면, 성도들은 재정문제로 걱정할 필요가 없어진다.

• 부흥

영적인 돌파는 숫자적인 증가와 연결되어 있으므로, 그 결과는 부흥으로 이어진다. 「정보화된 중보기도」에서 조지 오티스가 말한 대로, 진정한 부흥이란 영적 도약의 결과이다. 영적인 돌파(뚫고 지나가는 기름부으심: Spiritual Breakthrough)란 그동안 교회의 성장을 막고 있던 모든 장애물들이 부서지고 무너져서 성령의 세력이 뚫고 들어갈 수 있게 되었음을 뜻한다. 그렇게 되면, 그 지역에 있는 많은 교회들이 숫자적인 부흥을 경험하게 된다. 콜롬비아 칼리에 있었던 350명이 모이던 교회가 1995년에 영적 한계를 극복하는 순간 폭발하듯이 35,000명으로 급성장하였다.

남아프리카 공화국에 있을 때, 어느 목회자로부터 남아프리카 공화국 북동쪽에 위치한 벤다 지역에 관한 이야기를 들었다. 그 지역은 전통적인 부족신인 뱀 신(snake god)에 의해 다스려지던 곳이다. 그런데 1970년대에 고등학교, 대학교에 다니는 젊은이들 사이에서 부흥운동이 일어났다. 2003년에 작고하신 코롬비 목사 등이 주동 인물이었다.

1977년에 라인하르트 본케 목사가 이 지역에서 대형집회를 가진 적이 있다. 수천 명이 참석했던 그 집회는 그 지역의 영적인 판도를 완전히 바꾸어 놓았다. 그 부흥집회에 완전히 부수는 자가 나타나셨던 것이다. 하나님의 능력이 역사하시는데, 전대미문의 기적과 표적과 이적들이 나타났다. 본케 목사가 하나님의 기름부으시는 능력으로 사람들을 향해 손을 흔들자, 수백 명이 성령의 능력으로 쓰러져 버리면서 들것에 실어 집으로 데려가야만 했다. 너무나 많은 사람들이 이 집회의 영향을 받아 가게와 회사들이 며칠간 문을 닫아야만 했다.

어두움의 세력이 물러가고 그 지역 사람들은 모든 종류의 속박에서 해방되었다. 강력한 부흥운동이 뒤따랐으며, 교회의 숫자가 늘어나기 시작하였다. 전 지역이 성령의 영향권 안으로 삼켜져 들어간 것이다. 이후로 온전한 변화의 물결이 휩쓸었다. 지금 그 지역에서 가장 작은 교회에는 1,000명이 모인다. 그리고 큰 교회에는 5,000명의 성도가 모인다. 지금 아프리카에서 가장 훌륭한 영적인 지도자들이 벤다 지방에서 배출되고 있다고 한다. 부서트리시는 하나님께서 지역을 강타하시고, 사람들을 어두움의 세력 안에 가두었던 문을 부수고 나가셨을 때, 놀라운 부흥이 일어난 것이다.

> 계시는 우리에게 비전을
> 공급할 뿐만 아니라,
> 꿈과 비전을 이룰 전략도 함께 제공해 준다.
> 즉, 하나님은
> 계시를 통하여 우리를
> 한 걸음씩 인도해 주신다는 것이다.

• 계시

영적인 한계가 극복되면 계시가 마구 쏟아진다. 교회는 천국의 문이 있는 곳이다(창 28:17). 천국의 문이 열리는 순간, 계시도 함께 쏟아져 들어온다. 파쇄하는 기름부으심이 있기 전에는 계시가 별로 내리지 않는다. 사무엘상 3장 1절에는 "아이 사무엘이 엘리 앞에서 여호와를 섬길 때에는 여호와의 말씀이 희귀하여 이상이 흔히 보이지 않았더라"고 기록되어 있다. 다른 말로 하자면, 아직 부서트리고 무너트리는 기름부으심이 없었다는 증거이다.

계시는 우리에게 비전을 줄 뿐만 아니라, 그 꿈과 비전을 이룰 전략도 함께 제공해 준다. 즉, 하나님은 계시를 통하여 우리를 한 걸음씩 인도해 주신다.

• 기쁨

부서트리고 무너트림은 희락과 관련이 있다. 문 앞에서 적들이 넘어지고 기쁨의 환호성이 울려 퍼진다. "이제는 온 땅이 조용하고 평온하니 무리가 소리 높여 노래하는도다"(사 14:7). 이사야 44장 23절은 하나님께서 돌파하실 때 폭발하는 기쁨을 억제하지 못하여 노래하는 것을 묘사하고 있다.

> 여호와께서 이 일을 행하셨으니 하늘아 노래할지어다 땅의 깊은 곳들아 높이 부를지어다 산들아 숲과 그 가운데의 모든 나무들아 소리 내어 노래할지어다 여호와께서 야곱을 구속하셨으니 이스라엘 중에 자기의 영광을 나타내실 것임이로다

영적인 능력이 온전히 발산되는 순간에 희열이 밀려온다. 영성의 마지막 순간에는 반드시 기쁨이 찾아오게 되어 있다. 목회자가 사람들을 말씀으로 먹이고 손으로 안수하면 주님의 기쁨이 그들 속으로 파고들어 간다. 하나님은 능력을 새롭게 하시며 영혼을 소생시키시고 희락을 주시는 분이다. 기쁜 마음은 치유를 불러오므로, 치유의 강물이 넘쳐흐른다.

뭔가 새로운 것이 지금 막 태동하고 있다. 교회를 통해 기쁨이 발산되기 시작했다. 이는 기쁨의 축제이다. 부서트리고 무너트리는 기름부으심이 있는 곳마다, 성도들이 기쁨으로 일어나 찬양의 환호성을 지르며, 즐거움으로 춤을 춘다. 주님이 그의 백성을 사

로잡힘과 묶였던 곳으로부터 해방시켜 주시기 때문이다. 기름부으심이 있는 곳마다 희락의 화산이 폭발한다.

> 여호와께서 시온의 포로를 돌려보내실 때에 우리는 꿈꾸는 것 같았도다 그때에 우리 입에는 웃음이 가득하고 우리 혀에는 찬양이 찼었도다 그때에 뭇 나라 가운데에서 말하기를 여호와께서 그들을 위하여 큰 일을 행하셨다 하였도다 여호와께서 우리를 위하여 큰 일을 행하셨으니 우리는 기쁘도다(시 126:1-3)

이제 막 시작되는 초자연적인 기쁨의 침투는 왕 되신 하나님의 부르짖음으로 시작된다. 하나님께서 우리 안으로 침투해 들어오셔서 우리를 뚫고 지나가시면서, 우리를 새로운 땅에 서게 하신다. 그러므로 얽어매던 것들이 끊어져 버린다. 우리를 구원하시는 분은 오시고 또 오신다. 하나님은 예배시간에도 침투해 들어오신다. 그분은 유다의 사자같이 부르짖으시며 만군의 왕으로서 우리를 승리로 이끄실 것이다.

• 예배의 새로운 소리

난관이 돌파되는 역사가 일어나면, 예배의 새로운 소리가 우리를 이끈다. 지금 전 세계에 찬양과 경배 사역팀을 통한 성령의 예언적 예배가 세워지고 있다. 하늘의 나팔소리를 듣는 찬양 인도자들이 속출하고 있다. 하늘의 음성이 지구상에 전달될 때 참된 찬양이 지상에 널리 울려 퍼진다. 하나님을 신령과 진정으로 예배드리는 자들의 찬양과 경배가 전 세계를 장악해 가고 있다. 이는 조용히 '예수님과 나' 만 속삭이는 소리가 아니라, 우리를 묶임과 얽매임에서 해방시키며 전진케 하는 승리의 나팔 소리이다.

무너트리고 부서트리는 기름부으심은 다윗의 장막을 회복시킬 것이다. 이 회복이란 예배, 중보, 그리고 영적 전쟁에서의 승리를 말한다. 남은 자들의 교회는 하나님의 뜻을 이 땅에 충분히 실현하는 교회이다. 아모스는 "그날에 내가 다윗의 무너진 장막을 일으키고 그것들의 틈을 막으며 그 허물어진 것을 일으켜서 옛적과 같이 세우고 그들이 에돔의 남은 자와 내 이름으로 일컫는 만국을 기업으로 얻게 하리라 이 일을 행하시는 여호와의 말씀이니라"(암 9:11-12)고 예언하였다. 베드로도 이러한 회복의 날을 사도행전에서 재차 언급하였다(행 2:14-40).

나는 다윗의 장막이 다름 아닌 사도적인 교회의 모습이라고 생각한다. 다윗의 장막에는 다윗의 왕관이 보관되어 있다(사 16:5, "다윗의 장막에 인자함으로 왕위가 굳게 설 것이요 그 위에 앉을 자는 충실함으로 판결하며 정의를 구하며 공의를 신속히 행하리라"). 바로 그곳을 중심으로 왕국이 설립되었고 다스려졌다. 그러나 영적으로 보면 예수님이 바로 그 다윗의 장막에서 영원히 왕으로 다스리실 분이다. 바로 그 다윗의 장막은 다름 아닌 교회이며, 우리는 교회에서 예수님을 왕으로 모신다. 예수님의 권세와 능력은 교회를 통해 세상에 드러난다. 즉, 하나님은 이 시대에 그분의 왕국의 위엄과 영광을 교회를 통해 나타내 보이신다.

>>> 요동하지 않으며 파쇄할 수도 없는 것들

꼼짝도 하지 않고 침투조차 할 수 없던 것이 무너져 내리기 시작한다. 이사야 45장 2절은 놋문이 산산조각 나고, 강철로 된 기둥이 부러져 나가는 모습을 묘사하고 있다("내가 너보다 앞서 가서 험한 곳을 평탄하게 하며 놋문을 쳐서 부수며 쇠빗장을 꺾고"). 하나님의 능력이 나타나면 모든 것이 녹아내리게 되어 있다. 원수들이 멸망하고 무너진 곳에 교회가 우뚝 설 것이다. 그리고 하나님의 백성들이 무너진 곳을 밟고 지나갈 것이다. 그곳에서 수많은 기적이 나타날 것이다. 이전에 난무하던 질병도 하나님의 권능 아래 굴복하고 무릎을 꿇을 것이다. 말기 암 환자로 만들고 죽을 병으로 사람을 괴롭히던 악의 세력도 물러갈 것이다. 나는 하나님이 행하시는 일들 앞에서 입을 다물지 못하고 서 있는 사람들의 모습이 보인다.

예수님의 첫 번째 기적은 영적인 돌파였다

예수님께서 가나의 혼인잔치에서 베푸신 기적은 어려운 문제를 해결해 내는 기적이었다. 예수님의 어머니인 마리아는 종들에게 예수가 시키시는 대로만 하라고 하였다. 예수님은 술항아리를 물로 가득 채우라고 명령하셨다. 그때에 물이 변하여 포도주가 되었다. 우리 시대에도 마찬가지이다. 주님이 하라는 대로 할 수 있는 믿음을 가지고 행동하는 사람만 있다면, 반드시 기적을 체험하게 될 것이다.

예수님은 이 땅에서 목회사역을 하시며 계속 난관을 돌파해 나가셨다. 예수님의 부서트리고 무너트리는 기름부으심의 절정은 바로 부활사건이다. 부서트리시는 성령님이 죽음의 문을 무너트리시고 죽음에서 생명으로 예수님을 옮겨 놓으신 것이다.

모세의 순종은 난관을 뚫고 지나가게 하였다

얻을 수도 없고 도달할 수도 없는 것같이 느껴지는 것들이 있다. 모세와 그의 백성들이 바로 그러한 상황에 있었다. 그러나 하나님은 광야의 한 구석으로 모세를 찾아오셨다. 바로의 왕궁에서 누리던 그 탁월함과 특권은 이미 사라진 지 오래였다. 말까지 어눌해졌으며 활기와 자신감은 땅바닥을 치고 있었다. 하나님이 모세를 만나셔서 "이제 가라 이스라엘 자손의 부르짖음이 내게 달하고 애굽 사람이 그들을 괴롭히는 학대도 내가 보았으니 이제 내가 너를 바로에게 보내어 너에게 내 백성 이스라엘 자손을 애굽에서 인도하여 내게 하리라"(출 3:7-13)고 말씀하셨을 때, 모세는 그야말로 천하에 무명 인사였다.

모세는 하나님의 도전에 처음에는 수많은 반대의사를 표명하였다. 그러나 결국 하나님의 말씀을 듣기로 결심하고 아론과 함께 바로 앞에 서게 된다. 모세의 영혼이 변화된 것이다. 그는 순종하고 일어섬으로 하나님이 주시는 올바른 자리로 들어갔다. 모세와 아론은 '바로'라는 왕을 찾아가서 10번이나 백성을 해방시켜 달라고 강청하였다. 바로는 10번이나 변심하면서 모세를 우롱하였으나, 결단코 모세는 물러서지 않았다. 모세는 끝까지 바로와 대결하여 맞섰다. 끈기를 가지고 맞섰다. 그러나 그것은 모세 자신의 생각이 아니었다. 하나님이 모세에게 말씀하셨고, 모세가 하나님의 말씀을 믿은 연고였다. 그래서 모세는 뚫고 지나가는 길로 전진할 수 있었다.

모세의 끈기와 하나님의 도우심이 결국은 바로를 굴복시켰다. 마지막에 장자가 죽는 재앙은 결정적인 역할을 하였다(출 12:29-

30). 그 당시의 문화권에서 장자는 갑절을 상속받았다. 이 마지막 재앙은 하나님이 교회를 위해 하시는 일을 잘 보여 준다. 하나님은 대적인 사단-마귀의 집을 늑탈하시고, 교회를 위해서는 갑절의 축복을 내려 주신다. 이스라엘은 가난한 노예에서 많은 재물을 가진 풍성한 민족이 되었다.

하나님은 스가랴 선지자를 통해 "또 너로 말할진대 네 언약의 피로 말미암아 내가 네 갇힌 자들을 물 없는 구덩이에서 놓았나니 갇혀 있으나 소망을 품은 자들아 너희는 요새로 돌아올지니라 내가 오늘도 이르노라 내가 네게 갑절이나 갚을 것이라"(슥 9:11-12)고 말씀하셨다.

교회는 이제 영적으로 폭발하기 일보 직전이다

이 시대의 교회는 그동안의 포로생활을 청산하는 방향으로 나아가고 있다. 그러나 교회가 감옥에서 나갈 때, 하나님은 교회를 빈손으로 내보내시지 않는다. 전리품들을 가득 안고 나가도록 우리를 축복해 주실 것이다. 애굽과 바벨론의 부가 교회로 넘어온다. 하나님은 길을 터 주실 때, 재물도 함께 주신다. 지금 교회는 갑절의 축복 속으로 들어가고 있다. 갑절의 은혜와 갑절의 능력과 갑절의 축복이 하늘에서 쏟아져 내릴 것이다. 사업, 자금, 자녀, 기름부으심, 하나님의 임재와 기쁨, 무엇이든지 다 갑절로 불어나리라. 교회 안으로 형통함과 풍성함이 지금 밀려들어 오고 있다.

하늘의 기업이 땅으로 떨어진다

　영적인 돌파와 함께 오는 갑절의 축복은 기업이다. 우리는 모두 그리스도 안에서 기업을 상속받은 자들이다. 그래서 그리스도인들은 '그리스도와 함께한 상속자'라고도 불린다(롬 8:17). 이는 그리스도께서 십자가에서 못 박히셨을 때, 우리가 취할 수 있도록 하늘로부터 기업이 내려왔다는 의미이다. 그러므로 사도 바울이 기업을 상속받는다는 말을 할 때에, 이는 하나님의 백성이 된 결과로 우리에게 오는 유익을 이야기하는 것이다. 예를 들면, 바울에게 있어서 기업의 일부는 이방인들이었다. 이방인들이 회심하였을 때, 바울은 자신에게 내리신 하나님의 기업과 선물을 인지하고 서신들을 기록하기 시작하였다. 그러므로 서신들이 완성되고 출판되었을 때, 바울은 하나님께서 계획하신 기업을 상속받았다.

　바울에게 기업이 있었던 것같이 우리에게도 기업이 있다. 이러한 기업은 여러 가지 형태로 나타난다. 처음 믿은 그리스도인들에게는 갈라디아서 5장 22절에 명시된 성령의 열매가 없다. 그러나 우리가 포도나무이신 예수님과 지속적으로 관계를 맺다 보면, 가지인 우리는(요 15:5) 점차로 열매를 맺게 되어 있다. 이러한 종류의 발전이 이제 성숙하고 무르익어 이 시대에 큰 열매를 맺게 되는데, 이는 우리 시대에 주시는 하나님의 기업이다.

> 일어나 외쳐라.
> 문을 향하여 돌진하라.
> 이는 하나님이 이미 일어나셨고,
> 우리 앞서 가시며,
> 문을 부수고 통과해 나가버리실 것임이라.

    우리가 포도나무의 가지로 머물러 있고, 가지로서의 역할을 다하며, 포도나무로부터 영양분을 받아서 계속 자라기만 하면, 성령의 열매는 우리의 기업이 될 것이다. 성령의 열매는 사랑, 희락, 화평, 인내, 자비, 양선, 충성, 온유, 절제이다.

    믿는 자들에게 주시는 또 다른 기업은 성령의 은사들이다(고전 12:8-10). 이러한 선물들에는 지혜의 말씀, 지식의 말씀, 병 고침의 은사, 기적을 일으킴, 예언, 영 분별, 다른 방언 말함, 그리고 통변의 은사가 있다.

    사도 요한은 형통도 우리에게 주시는 중요한 기업 중 하나라고 설명한다. "사랑하는 자여 네 영혼이 잘됨 같이 네가 범사에 잘되고 강건하기를 내가 간구하노라"(요3 2).

    혹자들은 천국에 가는 것만이 믿는 자들이 받는 기업이라고 생각한다. 그러나 우리가 받을 기업은 이 땅에도 있다.

    난관을 돌파하시는 하나님은 사도적인 지도력을 가진 사람들의 손을 빌어 이스라엘 민족을 애굽의 속박으로부터 해방시키신 분이다. 즉, 우리 하나님은 악의 세력을 무너트리는 하나님이시다. 하나님은 이 시대에 수많은 사도적인 리더들을 일으키신다. 이제 수많은 나라에서 악과 죄로부터 해방되는 자유와 기쁨의 함성이 들려올 것이다. 악의 세력에 억눌리고, 많고 많은 문제에 짓눌리던 자들이 해방되어 승리의 깃발을 휘날리며 감사와 찬양의 제사를 드릴 것이다.

이제 부서트리는 기름부으심이 우리 가운데 있다. 우리의 무기력과 수동적인 자세가 무너져 내릴 것이다. 미적거리는 영들이 사라지고, 파쇄하는 기름부으심으로 충만하게 되리라. 일어나 외치라. 문을 향하여 돌진하라. 이는 하나님이 이미 일어나셨고, 우리보다 앞서 가시며, 문을 부수고 통과해 나가실 것임이라! 이제 모든 종류의 방해공작이 파쇄되는 날이 다가온다. 지옥의 문은 더 이상 우리를 막지 못한다. 아무리 강한 철문이라도 산산조각 나며 부서질 것이다. 문에 틈새가 벌어지는 소리가 들린다. 승리의 함성과 기쁨의 찬양이 울려 퍼지는 소리도 들려온다. 이제 이 마지막 때의 교회를 위한 하나님의 특별한 축복이 내릴 것이다. 그것은 바로 부서트리고 무너트리는 성령의 기름부으심이다. 이 성령의 기름부으심으로 하나님은 그분의 능력을 보여 주시고 우리에게 갑절의 기업을 받게 하실 것이다. 이제 일어나라. 소리 높여 외치라. 문을 향하여 전진하라. 지금이 바로 하나님이 약속하신 기업을 취할 때이다. 이제 문이 부서지고 반드시 통과해 나가리라!

chapter 08

문 앞에서 탄생하는 사도적인 교회

출생은 문을 통과해 나오는 과정이다. 모든 출생은 하나의 기적과 같다. 시편 기자의 말처럼 아기는 비밀한 가운데서 만들어진다(시 139:15). 아기가 세상에 나오기까지는 어떠한 형태를 가진 아기일지 분명하게 알 수 없다. 우리가 아는 것은 아기가 나온다는 사실뿐이기에, 큰 기대감과 더불어 불안감도 가진다. 9개월이 되면 더 이상 참을 수 없게 된다. 엄마에게는 아무것도 위로가 되지 않으며, 무언가 내부로부터 압력을 받게 되어 있다. 가만히 있지 못하겠고, 불편하며, 조바심이 난다. 아무도, 그 무엇으로도 그 상태의 엄마들을 달랠 수 없다. 오직 한 가지만이 그녀에게 다시 평화를 가져다줄 수 있다. 그것은 아기를 출산하는 것이다.

아기는 새로운 세상으로 나오기 위해 아주 좁은 문을 통과해야 한다. 하나님은 아기가 출산할 때에 엄마 몸에서 특수한 화학물질이 분비되도록 만드셨다. 그 화학물질은 자궁이 열리게 하며, 아기가 나오는 길을 넓혀 준다. 즉, 아기를 뱃속에 꽉 잡아매어 놓았던 것이 이제는 풀리게 되고, 때가 차매 내어 보내게 되는 것이다. 이 세상의 일도 마찬가지이다. 잡아매어 놓을 때가 있고 나가도록 열릴 때가 있다. 때가 차면 모든 일이 다 순리대로 돌아가게 되어 있다. 아기가 나오는 자궁의 문은 좁다. 그러나 그 문을 통과해서 나오지 않으면 아기는 더 자유로운 세상으로, 더 넓은 세상으로 나갈 수 없다. 자라나고 성숙해서 온전히 자신의 운명을 세상에 펼치려면, 바로 그 힘든 문을 통과해 나와야만 한다. 교회도 마찬가지이다.

교회의 통과해 나옴: 교회의 탄생

하나님은 교회가 좁은 문을 통과해 나아감으로 더 넓은 곳으로 발전해 나가도록 만들어 놓으셨다. 문이 열리게 하는 그 화학물질 같은 촉진제는 하나님의 능력과 성령의 기름부으심이다. 교회는 오직 은혜로만 그 문을 통과해 나간다. 그러므로 지옥의 문은 종말의 교회를 이기지 못할 것이다. 교회의 적들은 반드시 문 앞에서 부서지리라. 이제 전쟁이 문 앞에서 벌어질 것이다. 그러나 그 문을 부서트리고 무너트리며 뚫고 지나가는 자들이 있다. 다름 아닌 그리스도의 몸 된 교회들이다. 교회의 머리이신 그리스도는 하늘에 계신다. 그러나 그분의 몸은 지상에 있다. 그래서 사도 바울은 다음과 같이 기도하였다.

너희 마음의 눈을 밝히사 그의 부르심의 소망이 무엇이며 성
도 안에서 그 기업의 영광의 풍성함이 무엇이며 그의 힘의 위
력으로 역사하심을 따라 믿는 우리에게 베푸신 능력의 지극히
크심이 어떠한 것을 너희로 알게 하시기를 구하노라 그의 능
력이 그리스도 안에서 역사하사 죽은 자들 가운데서 다시 살
리시고 하늘에서 자기의 오른편에 앉히사 모든 통치와 권세와
능력과 주권과 이 세상뿐 아니라 오는 세상에 일컫는 모든 이
름 위에 뛰어나게 하시고 또 만물을 그의 발아래에 복종하게
하시고 그를 만물 위에 교회의 머리로 삼으셨느니라 교회는
그의 몸이니 만물 안에서 만물을 충만하게 하시는 이의 충만
함이니라(엡 1:18-23)

사도적 교회의 목적

에베소서 3장 10-12절에서 바울은 사도적 교회의 목적을 다음과 같이 기술하였다.

이는 이제 교회로 말미암아 하늘에 있는 통치자들과 권세들에
게 하나님의 각종 지혜를 알게 하려 하심이니 곧 영원부터 우
리 주 그리스도 예수 안에서 예정하신 뜻대로 하신 것이라 우
리가 그 안에서 그를 믿음으로 말미암아 담대함과 확신을 가
지고 하나님께 나아감을 얻느니라

이러한 목적을 이루기 위해서는 담대하고, 형식적이 아니며 전통을 뛰어넘는, 자유롭고, 쓸데없는 일에 시간을 낭비하지 않는 급진적인 하나님의 백성들의 활동이 요구된다.

사도적인 교회가 이제 탄생하기 일보 직전이다. 오늘이 바로 사도적인 교회가 회복되고 예언적인 리더십이 갱신되는 바로 그날이다. 담대하게 극복해 내는 믿음을 소유하고, 믿는 것을 행동으로 옮기는 사람들이 일어날 때이다. 하나님의 기름부으심이 부어지고 있다. 교회는 게으름, 절망, 낙담에서 일어나 예언적인 생기를 세상에 불어넣게 될 것이다. 예언자들이 하나님의 말씀을 풀어 놓을 때, 신선한 삶, 에너지, 흥분, 목적, 그리고 비전이 교회에 스며들 것이다. 하나님의 말씀의 권세가 다스리게 될 때, 모든 종류의 얽매임이 끊어지리라.

결단의 시점

이제는 결단이 필요한 시점에 서 있다. 사람들이 문 앞에 서서 믿음 충만하고 대담한 결정들을 내리고 있다. 이들은 문 앞에서 벌어지는 영적인 전쟁을 감지하는 자들이다. 사방으로 우겨쌈을 당하고, 전면적인 공격을 받으며, 훼방을 받고, 낙담케 하는 말들을 들으며, 과거의 실망케 하는 경험이 배후에 있음에도 불구하고, 일어나서 약속의 말씀을 의지하고 기도하며 전진한다. 이들은 하나님의 말씀이 능력으로 임하여, 예언적인 바람이 죽음, 절망, 낙담을 쳐서 넘어뜨릴 때까지 계속한다. 계시의 말씀은 그들로 추진력을 가지고 돌진하게 할 것이며, 모든 좁은 길을 헤치고 나아가도록 힘을 실어 줄 것이다. 미래를 향한 방향감각과 전략도 함께 부어지리라.

문 앞에 선 국가: 바알브라심이 깨져나감

오늘날 교회가 당면한 도전 중 하나는 영적 지도력을 가지고 지역과 도시를 구원하는 담대함을 가진 지도자의 출현이다. 우리는 예언의 바람이 불어, 닫힌 문들을 강타하고, 하나님의 말씀으로 흥왕케 되는 역사를 기대한다. 하나님께 불가능이란 없다. 지금 교회는 엄청난 전도의 기회 앞에 서 있다.

담대한 지도자는 백성을 인도하는 것을 두려워하지 않는다. 제대로 된 교회 지도자들은 잘 돌보는 목양을 넘어 사도적인 급진성을 가지고 일어나, 불신앙의 문을 부수고 한계를 뛰어넘어 도시와 국가를 믿음으로 점령한다.

우리는 이제 문 앞에서 전투를 맞이하기 일보 직전이다. 교회는 문을 부수는 철퇴와 같이 달려들어 각종 문들을 부숴 버릴 것이다. 바알브라심이 이제 개인의 삶과 도시 그리고 국가에 나타나기 일보 직전이다.

이사야 59장 19절 "서쪽에서 여호와의 이름을 두려워하겠고 해 돋는 쪽에서 그의 영광을 두려워할 것은 여호와께서 그 기운에 몰려 급히 흐르는 강물같이 오실 것임이로다"를 원문 그대로 옮기면 "주님의 성령이 홍수같이 덮칠 것이니라"이다. 또 다른 역본에서는 "하나님이 숨을 몰아 내쉼으로 강물이 터져 나올 것임이라"로 번역하고 있다.

바알브라심이 그분 자신을 나타내 보이실 차례이다. 그분이 나타나실 때, 해일이 일어 강둑은 무너지고 철철 넘쳐흐르는 홍수가 모든 대적하던 것들을 쓸어 없애버릴 것이다. 하나님은 무너트리는 것에 명수이시다. 왜냐하면 성경은 하나님을 '부수는 자'로 계시하고 있기 때문이다.

예언적 바람의 능력

예언의 바람이 불 때, 믿음은 비상한다. 그러면 하나님은 문 앞에 달라붙어 꼼짝 못하던 것들을 떼어내실 것이다. 불어라, 예언의 바람이여! 당신의 백성들에게 불어라! 예언자들의 입 안으로 불고, 교회의 지도자들의 삶 속으로 불고, 문 앞에 얼어붙어 있는 사람들에게 불어라!

담대함과 능력을 소유한 사도적인 지도자들에게 성령이 부어지고 있다. 그들은 사회와 교회를 그리스도의 승리로 이끌 것이다. 더 이상 사람들의 눈치를 보며 미적거리지 않을 것이다. 왜냐하면 하나님의 음성을 들었고 믿었기 때문이다.

이제 진정한 담대함이 교회를 장악할 것이다. 그것은 정부의 지도자들과 권력을 가진 사람들을 놀라게 할 신앙의 담대함이다. 국가와 사회의 지도자들이 변하리라. 엘리야의 영을 받은 예언자들은 이세벨의 영을 두려워하지 않는다. 그들이 일어나 이세벨의 후예들을 밖으로 던져 버릴 것이다. 더 이상 아합의 영이 교회를 주관하지 못할 것이며, 나라는 악한 것에 대항하는 것을 무서워하지 않을 것이다. 이 세상은 사도적인 교회가 문 앞에서 서성거리는 것을 더 이상 보지 않을 것이다. 사도적인 교회는 이제 그 권세와 능력을 세상에 보여 줄 것이다. 사도적인 교회는 '문' 안으로 들어오고 나가는 것을 감독할 것이며, 문을 다스리는 권세를 소유하게 될 것이다.

예언적인 소용돌이가 몰아치고 있다. 이제 전 지역을 강타할 것이다. 이는 죽음의 골짜기에서 하나님의 군대들을 일으키고, 잃었던 꿈을 다시 회복시키는 원동력이 되리라. 그들이 일어나 아무도 막아설 수 없는 강인한 군대가 될 것이라.

다윗 군대의 능력

예언의 바람이 불면 문 앞에서 절망하고 낙담해서 쓰러졌던 자들도 믿음과 희망을 가지고 새 힘을 얻게 된다. 우리가 바라는 날들은 패배의 날들이 아니다. 이제 전대미문의 승리의 함성을 들을 날이 다가오고 있다. 다윗의 군대인 사도적인 교회가 떠오르고 있기 때문이다. 다윗의 보좌에는 예수님이 앉아 계신다. 마지막 적수까지 제거해 버리시는 능력을 가지신 분이 바로 다윗의 보좌에 앉으신 분이다. 승리의 깃발을 높이 쳐들고 다윗의 군대가 전진해 온다. 그날은 일어나 함성을 지르고, 악기를 연주하며, 춤추고, 승리의 노래를 부르는 날이 될 것이다. 그날은 하나님께서 오래전에 약속하신 것들이 이루어지며, 불가능이 가능케 되는 날이다. 한때 잃어버렸던 것들을 모두 되찾는 시기이다. 이는 교회가 회복되는 시기이며, 교회와 사회의 진정한 리더십이 설립되는 때이기도 하다.

우리는 지금 문 앞에 서 있다. 이제 곧 뚫고 지나갈 것이다! 역경과 어려움이 더 이상 우리를 머뭇거리게 할 수 없다. 사도적인 지도자들과 예언자들이 일어나고 있다. 예언자들은 참된 하나님의 말씀을 받고 담대히 능력의 말씀을 선포하며, 인생의 방향과 목적을 설정해 주리라. 사도적인 지도자들은 교회가 성령의 권세로 앞으로 나아가게 할 것이라. 믿음 충만한 선포를 통하여, 그들은 천사들의 놀라운 능력의 과시를 불러일으킬 것이라. 그들은 모두 힘을 합하여 각종 장애물을 부수는 도끼의 역할을 감당하며, 장벽을 찍어 쪼개는 철퇴같이 될 것이라. "여호와께서 이르시되 너는 나의 철퇴 곧 무기라 나는 네가 나라들을 분쇄하며 네가 국가들을 멸하며"(렘 51:20).

담대하게 일어나라, 하나님의 백성들이여! 앞으로 나가 문을 부수고 벽을 허물며, 이 시간에 하나님이 허락하신 그곳을 정복하고 취하라.

> 길을 여는 자가 그들 앞에 올라가고 그들은 길을 열어 문에 이르러서는 그리로 나갈 것이며 그들의 왕이 앞서 가며 여호와께서는 선두로 가시리라(미 2:13)

부록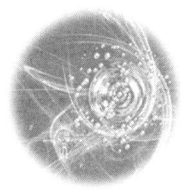

영광의 입구

- 척 피어스
Chuck D. Pierce

우리 모두는 인생의 투쟁으로 지쳐 있다. 성취하려는 목표가 있다 할지라도, 그것으로 가는 길에는 수많은 장애물과 방해, 시험이 산재해 있다. 그렇다면, 잠깐 멈춰 서서 쉼을 가져 보라. 성경에 나오는 야곱도 그렇게 했다. 야곱이 쉼을 가지면서 단잠을 잘 때에, "꿈에 본즉 사닥다리가 땅 위에 서 있는데 그 꼭대기가 하늘에 닿았고 또 본즉 하나님의 사자들이 그 위에서 오르락내리락"(창 28:12)하는 것을 보았다. 야곱은 바로 그때 하나님을 만났다.

야곱을 방문하신 하나님은 자신이 과거, 현재, 미래의 주인이

심을 계시하셨다. 야곱은 주님과 그러한 관계로 들어갔다. 이미 그에게 주어진 축복의 약속을 굳게 붙들 수 있는 계기가 바로 이곳에서 마련되었다.

바로 이때 야곱에게 그의 아버지와 할아버지(이삭과 아브라함)가 누리던 거룩하신 하나님과의 관계로 들어갈 수 있다는 확신이 생겼다.

이 경험으로 야곱은 살아 계신 하나님을 개인적으로 예배하기 시작하였다.

1. 야곱은 비록 이전에는 하나님을 보지 못하였으나, 하나님이 그와 항상 함께 계신다는 것을 새롭게 깨닫게 되었다.
2. 그는 그 장소를 기념하였고, 돌을 쌓고 기름을 부음으로 거룩한 장소로 만들었다.
3. 그 장소를 벧엘, 곧 하나님의 집으로 명명하였다.
4. 야곱은 하나님을 공급해 주시는 자로 인정하게 되었다.
5. 야곱은 자신의 재산 일부를 하나님께 돌려 드리기로 결심하였다.
6. 하나님을 경외함이 그의 삶의 일부가 되었다.
7. 바로 그 장소에서 "하늘의 문"이 열린 것을 공포하였다. 그리고 그것을 통해 현재 지상에서의 삶과 영원한 세계가 연결되는 것을 목격하였다.

「하나님을 예배함」이라는 책에서 어니스트 젠타일이라는 작가는 다음과 같이 이 사건을 해석하였다.

갑자기 하늘로부터 사다리가 나타난 것은 그분의 임재로 들어오라는 하나님의 초청이다. 초월적인 하나님은 낮은 인간을 만나실 통로를 마련하시는 분이다. 사다리를 내려 주심으로, 하나님은 예배로 초청하셨다. 성경은 천사들이 먼저는 올라갔고 그 다음에 다시 내려왔다고 말씀한다. 천사의 움직임은 예배의 모델을 제시한다. 믿는 자들이 주님의 종으로서 진실하고 성공적인 삶을 살아 가려면 어떻게 해야 하는지에 관하여 상징적으로 잘 설명해 주고 있다.

첫째는, 천상의 모습을 "보는" 것이다. 둘째는, 예배를 통하여 반짝이는 계단을 통과하며 하나님께 올라가는 것이다. 셋째는, 봉사의 활동을 하기 위하여 다시 지상으로 내려오는 것이다.

다시 한번 정리하자면, 하나님을 만나러 하늘로 올라가고, 그리고 사역을 감당하기 위하여 세상으로 내려온다는 것이다.

다른 해석에 의하면, 천사들은 하나님의 축복을 사람들에게 전달해 주고, 사람들은 하나님께 감사의 응답을 한다고 한다. 구약시대에는 천사들이 그러한 중재의 역할을 감당하였다. 그러나 이제 신약시대에는 하나님과 인간 사이를 연결하는 오직 한 분 중보자이신 예수님께서 그러한 역할을 감당하신다. "또 이르시되 진실로 진실로 너희에게 이르노니 하늘이 열리고 하나님의 사자들이 인자 위에 오르락내리락 하는 것을 보리라 하시니라" (요 1:51).

하나님이 임재하시기 위하여
지상으로 내려오시는 통로

「열린 문 교회」라는 책에서 프랭크 다마찌오 목사는 '문'의 중요성을 다음과 같이 강조한다.

> 성경에 나오는 문은 매우 강력한 상징으로, 능력의 교회와 연관되어 나타난다. 예수님은 문과 교회를 마태복음 16장 16-18절에서 연결시키셨다. '문'이라는 단어는 닫고 열고 하는 것으로 큰 성벽에 있는 성문을 의미한다. 그 문을 통해 모든 것들이 들어가고 나가게 되어 있다. 그 문을 통해 나가면, 전혀 다른 새로운 장소로 들어가게 되는 통과의 문이다. 문이 열린다는 것은 새로운 기회, 새로운 삶이 펼쳐진다는 것을 의미하기도 한다. 그래서 예언자들과 예수님은 이 '문'이라는 상징을 사용하여 중요한 영적 진리들을 가르쳐 주셨다. 성경에 나타난 구약시대 성문의 4가지 중요 기능은 다음과 같다.
>
> 1. 출입을 통제함으로 성의 내부를 적으로부터 보호한다 (수 2:7, 7:5, 삿 16:2-3, 18:16-17, 왕하 11:6, 14:13).
> 2. 그 도시의 법적, 행정적인 지도자들이 앉아서 재판을 한다(창 19:1, 신 25:7, 삼하 19:8, 애 5:14).
> 3. 경제적인 사업 계약이 체결되고 사회적인 활동이 이루어진다(창 34:24, 룻 4:1,11, 삼하 15:2).

4. 예언자들이 예언적인 메시지를 성의 장로들에게 전달한다(왕상 22:10, 역하 18:9, 렘 7:2, 17:19).

'문'은 권능으로 다스리시는 하나님의 권세를 상징한다. 특히 이사야서에서 '문'은, 하나님의 백성이 지킴으로 영적인 건강을 유지하게 해 주는 '하나님의 법'을 상징한다.

- 너희는 문들을 열고 신의를 지키는 의로운 나라가 들어오게 할지어다(사 26:2)
- 네 성문이 항상 열려 주야로 닫히지 아니하리니 이는 사람들이 네게로 이방 나라들의 재물을 가져오며 그들의 왕들을 포로로 이끌어 옴이라(사 60:11)
- 성문으로 나아가라 나아가라 백성이 올 길을 닦으라 큰길을 수축하고 수축하라 돌을 제하라 만민을 위하여 기치를 들라(사 62:10)

'문'이라는 것은 또한 하나님의 백성과 그리스도의 교회를 대적하여 일어난 악한 자들의 권세를 상징하기도 하다.

- 내가 말하기를 나의 중년에 스올의 문에 들어가고 나의 여생을 빼앗기게 되리라 하였도다(사 38:10)
- 내가 너보다 앞서 가서 험한 곳을 평탄하게 하며 놋문을 쳐서 부수며 쇠빗장을 꺾고(사 45:2)
- 만군의 여호와께서 이와 같이 말씀하시니라 바벨론의 성벽은 훼파되겠고 그 높은 문들은 불에 탈 것이며 백성들의 수고는 헛될 것이요 민족들의 수고는 불탈 것인즉 그들이 쇠

잔하리라(렘 51:58)

- 또 내가 네게 이르노니 너는 베드로라 내가 이 반석 위에 내 교회를 세우리니 음부의 권세(또는 문)가 이기지 못하리라(마 16:18)

영광의 왕의 들어오심을 위해 문이 열림

문들아 너희 머리를 들지어다 영원한 문들아 들릴지어다 영광의 왕이 들어가시리로다 영광의 왕이 누구시냐 강하고 능한 여호와시요 전쟁에 능한 여호와시로다 문들아 너희 머리를 들지어다 영원한 문들아 들릴지어다 영광의 왕이 들어가시리로다 영광의 왕이 누구시냐 만군의 여호와께서 곧 영광의 왕이시로다(시 24:7-10)

왕이 들어오시기 위해 문을 열어야 하는 경우이다—이는 왕의 행렬이 문을 향하여 행진해 올 때이다. 왕의 신하는 문을 열라고 큰 소리로 명령한다. 그러면 수문장은 "문으로 행진하는 자들이 누구냐?"고 묻고, "능하고 힘 있는 전하, 전쟁의 승리자 왕이시다"라는 대답이 울려 퍼진다. 그러면 곧 문이 열리고 왕은 문으로 들어온다. 그런데 왕 중의 왕이시요, 가장 큰 영광의 왕은 누구신가? 그분은 바로 천지만물을 지으신 하나님 아버지이시다. 그분은 열방의 왕이시며 온 세상을 다스리시는 왕이다. 하늘과 땅의 통치자이시며 천군 천사를 이끄시는 분이다. 우리가 사는 세상과 천국이 연결되는 지점에 문이 있다. 그 천국의 문이 열릴 때, 우리의 인생, 가정, 도시, 국가, 예배, 교회가 하늘의 능력과 접속된다. 왜냐하면 그 문을 통해 하나님의 능력이 우리 안으로 들어오기 때문이다.

동의함의 능력

「교회의 미래의 전쟁」이라는 책에서 레베카 와그너 씨트세마와 나는 하늘과 땅이 합하여지는 것에 관하여 다음과 같이 적었다.

> 셋째 날의 교회의 능력은 지금까지 본 것과는 비교가 되지 않을 것이다… 이제 하늘과 땅 사이에 갈라진 틈을 하나님께서 어떻게 메우시는지 살펴보자.

- 제3층천

성경을 읽는 사람마다 과연 3층천(고후 12:2)이라는 것이 무엇일까 의아해한다. 그곳은 다름 아닌 하나님께서 보좌에 앉으시고 예수님께서 그 오른편에 계신 곳이다. 예수님은 하나님의 마음속에 무엇이 있는지를 아신다. 예수님은 그곳에서 우리를 위해 중보로 간구하고 계신다(롬 8:34).

에베소서 1장과 2장을 보면, 믿는 자들도 주님 안에서 하늘의 상속을 받고, 예수님과 함께 앉는다는 내용이 나온다(엡 2:6). 그곳은 하나님의 뜻이 아무런 반대나 거부감 없이 그대로 받아들여지고 실행되는 곳이다. 바로 그곳에서 우리는 행진하라는 명령을 받는다.

예수님께서 승천하셨을 때, 우리에게 선물을 허락하셨다. 그 선물인 은사들은 에베소서 4장 11절에 명시되어 있다. "그가 어떤 사람은 사도로 어떤 사람은 선지자로 어떤 사람은 복음 전하는 자로 어떤 사람은 목사와 교사로 삼으셨으니." 우리는 그러한 은사를 사용하여 주님의 몸 된 교회를 세우는 일을 한다. 하나님을 아는 지식을 가지고 믿음으로 통일된 공동체를 만들라고 그러한 선물을 허락하신 것이다. 사단-마귀의 속임수에 넘어가지 않게 하려고 하나님은 우리에게 하늘의 지혜와 계시를 계속 허락하신다. 머리 되시는 주님을 따라 '자라 가도록' 하나님은 끊임없이 우리와 함께해 주신다. 그 모든 것들은 3층천에 위치한 주님의 보좌에서 흘러나온다.

- 제1층천

우리는 보고 듣고 만지는 육체적인 세계에 살고 있다. 별들과 은하계가 있는 그곳이 바로 1층천이다. 그러나 예수님의 죽으심과 부활하심에 힘 입어, 우리는 하나님이 계시는 3층천과 교통할 수 있게 되었다. 이러한 교통을 우리는 기도라고 부른다.

시편 24편 1절은 "땅과 거기에 충만한 것과 세계와 그 가운데에 사는 자들은 다 여호와의 것이로다"라고 기록한다. 그러므로 하나님께서는 1층천과 그 아래 있는 지구도 다스리신다. 예수님께서 십자가를 지시고 무덤 속으로 들어가셨을 때, 그분은 지하 세계를 다스리던 사단-마귀의 세력을 깨뜨리셨다. 그리고는 지상에 하나님의 군대가 주둔할 기지를 마련하셨는데, 그곳이 바로 교회이다.

- 제2층천

우리가 지상에 살면서 하늘에 계신 하나님과 기도로 교통할 수 있다면, 왜 하나님의 뜻이 하늘에서 이루어진 대로 항상 땅에서 이루어지지 않는 것일까? 바로 2층천에 있는 "공중에 권세 잡은 자"의 방해 때문이다. 사단의 졸개들인 귀신들은 하나님의 통치를 방해한다. 사단은 이 세상의 권력자이다(요 12:21, 14:30, 16:11).

세상이라는 단어는 헬라어로 '코스모스'이다. 마태복음 4장 8-9절의 "마귀가 또 그를 데리고 지극히 높은 산으로 가서 천하만국과 그 영광을 보여 주며 이르되 만일 내게 엎드려 경배하면 이 모든 것을 네게 주리라"는 말씀처럼, 이 세상의 모든 것들은 인간이 덫에 걸리도록 사로잡는 능력이 있으며, 사단은 그것을 이용한다.

이 세상의 왕자는 세상의 신으로도 알려져 있다.

> 그중에 이 세상의 신이 믿지 아니하는 자들의 마음을 혼미하게 하여 그리스도의 영광의 복음의 광채가 비치지 못하게 함이니 그리스도는 하나님의 형상이니라(고후 4:4)

하나님의 뜻이 땅에서 이루어지는 것을 우리의 대적이 가로막고 있다. 에베소서 2장 2절 "그때에 너희는 그 가운데서 행하여 이 세상 풍조를 따르고 공중의 권세 잡은 자를 따랐으니 곧 지금 불순종의 아들들 가운데서 역사하는 영이라"는 말씀처럼, 악한 자들의 권세가 우리와 하나님 사이를 차단하고 있는 것이다. 어두움의 영들은 강한 자들이며, 세계를 실제로 다스리는 자들이다. 에베소서 6장 12절 말씀인 "우리의 씨름은 혈과 육을 상대하는 것이 아니요 통치자들과 권세들과 이 어둠의 세상 주관자들과 하늘에 있는 악의 영들을 상대함이라"와 같이 이들에게도 통치자, 정사, 권세, 어두움의 세상 주관자, 악한 자들의 무리, 하늘에 있는 악의 영들이라는 계급 조직이 있다.

 이들은 인간이 죄를 짓고, 하나님의 뜻에 반항하는 틈을 타서, 하늘의 뜻을 가로막을 권리를 획득했다. 사단-마귀는 개인적인 죄나 집단의 죄를 빌미 삼아 개인이나 지역에 침투할 기회를 얻는다. 이기주의적이거나 개인주의적인 사회에서 살아 가는 현대인들은, 집단의 죄로 인하여 사단-마귀의 권세가 침투하여 우리를 다스린다는 사실을 이해하기 어려울 것이다. 하나님의 뜻이 이 땅에서 이루어지는 것을 차단하는 능력이 사단-마귀에게 있기는 하지만, 그러한 힘은 오직 개인, 가문, 사회가 죄를 저질러서 악한 것이 침투해 들어올 구멍을 열어 줄 때만 가능하다. 다음에 열거한 것들은 사회의 죄로, 사단-마귀에게 활동할 기회의 문을 열어 주게 된다.

- 우상숭배

 하나님이 아닌 것을 우리가 육체적으로나 영적으로 머리를 숙이고 경배하는 것이다. 하나님보다 더 높아진 모든 것은 다 우상이다(출 20:3-4). 현대에 많은 지역들이 우상숭배로 인하여 하나님의 축복을 받지 못하고 있다. 그 결과 사단-마귀는 공식적으로 사람들의 눈을 멀게 하고 하나님의 영광을 가릴 법적인 권리를 획득한다.

- 피 흘림

 인간사에 최초로 발생한 살인 사건은 가인이 형제인 아벨을 죽인 것이다. 그때 하나님은 가인에게 "이르시되 네가 무엇을 하였느냐 네 아우의 핏소리가 땅에서부터 내게 호소하느니라"(창 4:10)고 말씀하셨다. 이 말씀으로부터 우리가 유추할 수 있는 것은, 인간의 죄로 인해 흘려진 피가 땅에 영향을 미친다는 것이다. 폭력으로 인한 피 흘림이 땅으로 스며들어 가면, 공중에 권세 잡은 자들이 땅을 다스릴 권리를 얻게 된다. 이후 악한 자가 땅에 내리는 저주로 인하여 이 땅에는 폭력과 피 흘림이 일어날 발판이 확실하게 마련된다.

• 부도덕

부도덕이 온 지역에 영향을 미치는 것을 보여 주는 대표적인 예가 바로 소돔과 고모라이다. 난잡함과 사악함이 소돔과 고모라를 장악해 버렸기에, 하나님은 의인 단 10명도 찾아내실 수 없었다. 하나님은 참으로 그들을 구원해 주고 싶으셨으나, 결국 어린 아이들까지 포함하여 모든 사람이 멸망하였다.

• 언약을 깨뜨림

다윗 왕이 다스리던 시대에 큰 기근이 들었다. 이 기근에 대하여 다윗이 하나님께 여쭈어 보았을 때에, 하나님은 주의 종을 통하여 이렇게 대답하셨다. "여호와께서 이르시되 이는 사울과 피를 흘린 그의 집으로 말미암음이니 그가 기브온 사람을 죽였음이니라 하시니라"(삼하 21:1). 기브온 사람들은 여호수아 시대에 이스라엘과 언약을 맺은 민족이었다. 그 언약은 그들의 안전을 보장하는 것이었으나 사울은 기브온과의 언약을 깨뜨리고, 그들 중에 상당수를 살해하였으며, 나머지도 살육하려는 계획을 세웠다.

그 결과로 하나님께서는 축복을 거두어 가셨고, 사단이 그 땅을 다스릴 권세를 획득하게 되어 큰 기근이 오게 되었던 것이다.

그러나 그 기근은 당장에 나타난 것이 아니라, 나중에 새로운 왕이 등극하고 나서 비로소 나타났다. 이러한 성경 속 이야기에 미국도 경각심을 가져야 한다. 왜냐하면 미국의 역사를 살펴보면, 원주민인 인디언들과 맺은 조약을 어긴 사례가 무려 350건이 넘기 때문이다.

- **제2층천을 통과해 나감**

제2층천에 있는 사단-마귀의 권세를 무너트릴 수 있는 힘을 가진 집단은 교회밖에 없다. 교회는 항상 영적인 무기들을 손에 들고 있기는 하였으나, 그동안 영적인 전쟁에 관해 무지했다는 것도 사실이다. 그러나 이제는 악한 자들의 구조를 무너트릴 전략과 힘을 얻게 되었다.

하나님은 제3층천까지 뚫고 들어갈 권세를 교회에 세우고 계신다. 그러면 우리는 하나님의 심장에 도달하고, 하늘의 계시와 축복을 지상으로 가져올 수 있다. 그때에 하나님의 뜻이 하늘에서 이루어진 것같이 땅에서도 이루어질 것이다. 바로 그것이 우리가 자주 기도하는 주기도문의 핵심 내용이 아닌가?

그렇지만 많은 그리스도인들이 2층천은 피해서 지나가고 싶어 한다. 요한계시록 12장 7절은 말씀한다. "하늘에 전쟁이 있으니 미가엘과 그의 사자들이 용과 더불어 싸울새 용과 그의 사자들도 싸우나." 딕 이스트만은 쫓겨나는 사단 그리고 하늘의 천사들과 지옥의 권세와의 전쟁에 대해 다음과 같이 설명한다.

> 이 전투에서 하늘의 용사들은 사단과 그의 귀신들을 천국의 영역에서 몰아내 버린다. 그러나 전투는 천사들의 힘으로만 하는 것이 아니라, 믿는 자들의 영적인 무기들도

함께 사용됨을 기억하라. 싸우는 자들은 천사들이지만, 그 '화력'은 믿음의 성도들이 공급한다. 11절의 "이는 또 우리 형제들이 어린 양의 피와 자기들이 증언하는 말씀으로써 그를 이겼으니 그들은 죽기까지 자기들의 생명을 아끼지 아니하였도다"는 말씀에서 볼 수 있듯이, 천사는 고소하는 자를 혼자서 이길 수 없다. 오직 성도들이 기도로 천사와 동역하면서 영적인 전쟁을 치를 때에, 천사들은 그 기도를 힘 입어 승리할 수 있다. 천사장 미가엘이 여기에 언급되어 있는데, 이것은 영적 전쟁이 치열하다는 증거이다. 다니엘 10장에 "그런데 바사 왕국의 군주가 이십일 일 동안 나를 막았으므로 내가 거기 바사 왕국의 왕들과 함께 머물러 있더니 가장 높은 군주 중 하나인 미가엘이 와서 나를 도와주므로 이제 내가 마지막 날에 네 백성이 당할 일을 네게 깨닫게 하러 왔노라 이는 이 환상이 오랜 후의 일임이라 하더라"는 말씀이 나오기는 하지만, 사실 승리의 원동력은 다니엘의 금식과 기도였다.

땅이 기뻐 뛰놀며

알리스떼어 뻬뜨리는 다음과 같이 말했다.

땅은 인간이 하는 일에 따라 변한다. 땅은 거기에 거주하는 사람에 따라 불결해지기도 하고 축복을 받기도 한다. 성경을 통해 우리는 선하고 악한 청지기들이 땅에 어떠한 영향을 미쳤는지 알 수 있다. 창세기는 아담과 하와가 청지기직을 제대로 감당하지 못함으로, 땅이 저주를 받았다고 말씀한다. "아담에게 이르시되 네가 네 아내의 말을 듣고 내가 네게 먹지 말라 한 나무의 열매를 먹었은즉 땅은 너로 말미암아 저주를 받고 너는 네 평생에 수고하여야 그 소산을 먹으리라"(창 3:17). 우리는 아직도 그러한 저주를 경험하고 있다.

창세기 4장에 보면, 가인이 아벨을 살해한 후 핏소리가 땅에서 호소한다는 기록이 나온다. 그리고 또다시 땅에 문제가 생겼다. "이르시되 네가 무엇을 하였느냐 네 아우의 핏소리가 땅에서부터 내게 호소하느니라 땅이 그 입을 벌려 네 손에서부터 네 아우의 피를 받았은즉 네가 땅에서 저주를 받으리니 네가 밭을 갈아도 땅이 다시는 그 효력을 네게 주지 아니할 것이요 너는 땅에서 피하며 유리하는 자가 되리라"(창 4:10-12). 가인은 땅에 내린 저주로 인하여 결국 '땅에서 유리 방황하는 자'가 되었다.

유리하는 자가 된다는 것은 다름 아닌 노숙자가 된다는 뜻이다. 이곳 저곳을 방황하며 돌아다니지만, 어느 곳에서도 발붙이고 살 만한 땅을 발견하지 못한다는 말이다. 그러한 상황에서는 어떠한 변화나 비전이 뿌리를 내리고 싹을 낼 수가 없다. 왜 이런 일이 발생하는가? 그것은 땅이 정의를 갈구하며 울부짖기 때문이다.

우리가 예배 드릴 때, 죄악이 창궐한 지구상으로 하나님의 정의가 현시되고 실현되는 것을 본다.

천사의 방문과 하나님의 영광이 나타나는 것은 항상 인간들과 관계가 있다. 그러므로 땅이 치유되려면, 결국 사람들이 먼저 치유받아야 한다. 신령과 진정으로 예배 드리는 순간 땅이 치유되고 사람들이 살아나게 되어 있다. 그때 하나님께서 베푸시는 7가지 축복은 다음과 같다.

1. 생태학적인 건강

    내가 너희에게 철 따라 비를 주리니 땅은 그 산물을 내고 밭의 나무는 열매를 맺으리라(레 26:4)

2. 경제적인 건강

    너희의 타작은 포도 딸 때까지 미치며 너희의 포도 따는 것은 파종할 때까지 미치리니 너희가 음식을 배불리 먹고 너희의 땅에 안전하게 거주하리라(레 26:5)

3. 개인적인 안전

    내가 그 땅에 평화를 줄 것인즉 너희가 누울 때 너희를 두렵게 할 자가 없을 것이며(레 26:6)

4. 사회의 안전

    내가 사나운 짐승을 그 땅에서 제할 것이요 칼이 너희의 땅에 두루 행하지 아니할 것이며(레 26:6)

5. 국제관계의 안전

    너희의 원수들을 쫓으리니 그들이 너희 앞에서 칼에 엎드러질 것이라 또 너희 다섯이 백을 쫓고 너희 백이 만을 쫓으리니 너희 대적들이 너희 앞에서 칼에 엎드러질 것이며(레 26:7-8)

6. 존경과 성장

    내가 너희를 돌보아 너희를 번성하게 하고 너희를 창대하게 할 것이며 내가 너희와 함께한 내 언약을 이행하리라(레

26:9)

7. 창조성과 기술혁신

너희는 오래 두었던 묵은 곡식을 먹다가 새 곡식으로 말미암아 묵은 곡식을 치우게 될 것이며(레 26:10)

순종하는 백성에게 내려 주시는 하나님의 축복은 끝이 없다. "내가 내 성막을 너희 중에 세우리니 내 마음이 너희를 싫어하지 아니할 것이며 나는 너희 중에 행하여 너희의 하나님이 되고 너희는 내 백성이 될 것이니라 나는 너희를 애굽 땅에서 인도해 내어 그들에게 종된 것을 면하게 한 너희의 하나님 여호와이니라 내가 너희의 멍에의 빗장을 부수고 너희를 바로 서서 걷게 하였느니라"(레 26:11-13). 우리도 오늘날 전 세계적으로 이러한 변형의 역사가 일어날 것을 기대하며 기도 드려야 한다. 모든 공동체들이 그들의 죄를 회개하고 스스로를 깨끗하게 하며, 무너진 청지기직을 바로 세우면, 그들의 사회, 정치, 경제, 영적인 영역에서 이러한 축복들이 과시될 것이다.

언약의 갈등

이제는 개인, 집단, 지역을 장악하는 기름부으심을 추구할 때이다! 성경적으로 말하자면, 한 해는 로쉬 하샤나로부터 시작된다. 우리에게는 때를 분별하는 지혜가 필요하다. 미국은 비행기가 국제무역센터와 미 국방부 펜타곤에 충돌한 9월 11일 이후로 시즌이 바뀌었다. 즉 전쟁의 시즌으로 들어가 버렸다. 믿는 자들도 이제 전진과 승리의 시즌으로 들어갈 태세를 갖추고 있어야 한다.

이제 하나님의 시즌은 국가들을 심판하는 시대로 들어가고 있다. 미국은 하나님을 믿는 백성들이 모여 설립한 나라이다. 즉 아브라함과의 언약관계 안으로 들어갔고, 십자가에서 죽으신 예수님에 의해 완성된 언약으로 인하여 미국이라는 나라가 굳게 서있다. 그러나 이제 그 언약이 하나님의 시험을 받고 있다. 적그리스도의 출현 징조가 전 세계에서 두드러지게 나타나고 있다. 이 적그리스도의 시스템은 하나님과 언약을 맺은 땅을 심히도 증오한다. 하나님 앞에 바로 선 자들은 악한 자들에게는 위협이 된다. 2001년 이후 미국은 전쟁상태로 들어갔으며, 이는 나의 예언에 의하면 7년간 계속될 것이다. 7년간의 시험과 환난을 통과하면서 남은 자들은 착취를 당하겠지만, 결국은 극복하고 일어설 것이다. 하나님의 시험을 통과하기만 하면, 오는 시즌에는 언약에 의해 약속된 놀라운 축복을 경험할 것이다. 이후로는 살아 계신 하나님께 대한 장대한 예배가 펼쳐질 것이다.

언약의 축복들

하나님의 시절에는 수많은 축복이 땅에 쏟아져 내린다. 언약이 성취되는 길에는 항상 영적인 전쟁이 벌어지게 되어 있다. 그러나 그 영적 전쟁에서 승리하는 날에 지구 온 지역으로 하나님의 놀라운 축복이 퍼져 나갈 것이다. 시편 24편 1절은 "땅과 거기에 충만한 것과 세계와 그 가운데에 사는 자들은 다 여호와의 것이로다"고 했다. 하나님은 지구를 충만히 채우실 계획을 가지고 계신다. 그 충만함이 현실적으로 나타나게 하려면 전쟁을 치러야 한다. 우리가 하늘의 문을 열 때, 막혔던 것이 뚫리고, 지구상에 하늘의 영광이 폭발적으로 밀려들어 올 것이다.

서기 2000년이 막 시작되던 때에 나는 예언을 한 적이 있다. 뭔지 모르지만 전쟁이 시작되리라는 예언이었다. 사람들이 내게 영적인 전쟁 말고 실제로 물리적인 전쟁이 일어나느냐고 질문할 때, 나는 2001년 9월이라고 대답하곤 했다. 나는 사실 2000년 10월에 이미 2001년 9월 11일의 전쟁을 예언한 것이다.

그러나 내가 계시 받은 것을 나누었을 때, 사람들은 거절했다. 왜냐하면 영적인 전쟁과 물리적인 전쟁을 서로 연결시키는 것을 사람들이 불편하게 여겼기 때문이다. 그러나 영적인 영역에서 일어나는 일이 지구상의 물리적인 영역에서 나타나기도 한다(계 12). 집단의 영적인 전쟁은 사회에 영향력을 행사하게 되어 있다. 종교, 정치, 군사, 사회, 경제, 교육 등 모든 것이 영적인 세계와 연결되어 있다. 그러므로 하나님은 예배하는 중보기도자들을 세우시고, 그 모든 것들에 능력을 행사하게 하신다. 영적인 면에서 볼 때, 전 세계는 이제 방향을 전환하였으며, 전쟁으로 들어가고 있다.

사실 9/11의 비극은 영적인 전쟁 시즌의 전조에 불과하다. 비행기 몇 대가 몇 개의 건물에 충돌한 이후 세상이 달라졌다. 하루 아침에 3,000명의 무고한 인명이 살해된 이 사건은, 아무리 처참한 사건이라 하더라도 전조에 불과하다. 9월 11일의 사건을 바라보면서, 더치 쉬츠는 이렇게 적었다.

    최근에 있었던 테러분자들의 공격을 목격하면서, 그리스

도의 몸의 지체들의 반응과 우리 믿는 자들의 기도에 따라 미국이라는 나라의 향방이 결정될 것이다. 우리는 하나님께 다시 돌아갈 것인가 아니면 하나님으로부터 더 멀리 떨어져 나갈 것인가? 애통함은 씁쓸함으로 변하면서 더 깊은 상처와 타락으로 치닫게 되기도 한다(히 12:15). 그러나 회개하는 자들에게는 하나님의 구원이 있을 것이다(고후 7:10). 성경적으로 올바른 반응이 간절히 필요한 시기이다.

- 사건을 규정하는 방법들

'하나님의 심판'이라는 단어는 조심해서 사용해야 한다. 많은 그리스도인들이 미국이 하나님의 심판을 받고 있다고 생각하는 것 같다. 죄의 결과가 사망인 것은 확실하다. "죄의 삯은 사망이요 하나님의 은사는 그리스도 예수 우리 주 안에 있는 영생이니라"(롬 6:23). 그러나 죄는, 하나님이 직접 치시지 않아도, 그 자체에 멸망으로 이끄는 능력이 있다. 하나님은 죄인들을 저주하고 벌 주는 것을 즐기시는 하나님이 아니다. 그러나 죄인들은 자신의 죄로 인하여 멸망으로 치닫게 되어 있다. 하나님은 인간을 구원하기 원하신다. 그리고 그 구원을 베풀기 위해—하나밖에 없는 독생자 아들을 죽이는—엄청난 희생까지도 감수하시는 분이다.

그러므로 많은 경우에 심판적인 재난은 하나님의 손에 의해 직접 행해지기보다는 하나님의 호의를 무시하고 하나님의 보호하심과 축복을 뿌리친 결과라고 볼 수도 있다. 요나는 2장 8절에서 "거짓되고 헛된 것을 숭상하는 모든 자는 자기에게 베푸신 은혜를 버렸사오나"라고 고백하고 있다.

죄의 씨를 뿌렸으면, 재난의 결과를 가져오게 되어 있다. 하나님께 등을 돌리고 우상을 숭배하면, 그에 합당한 거둠이 있을 것이다. 그러므로 나는 2001년 9월에 있었던 사건을 하나님의 심판하시는 손길로 받아들이기보다는, 그냥 심은 대로 거두는 법칙의 작용으로 설명하고 싶다. 우리는 성경에서 죄의 열매나 하나님의 보호하심을 거부한 결과에 대한 수많은 예를 찾아볼 수 있다.

> 여호와께서 집을 세우지 아니하시면 세우는 자의 수고가 헛되며 여호와께서 성을 지키지 아니하시면 파수꾼의 깨어 있음이 헛되도다 너희가 일찍이 일어나고 늦게 누우며 수고의 떡을 먹음이 헛되도다 그러므로 여호와께서 그의 사랑하시는 자에게는 잠을 주시는도다(시 127:1-2)
>
> 공의는 나라를 영화롭게 하고 죄는 백성을 욕되게 하느니라 (잠 14:34)
>
> 자기의 죄를 숨기는 자는 형통하지 못하나 죄를 자복하고 버리는 자는 불쌍히 여김을 받으리라(잠 28:13)
>
> 여호와의 손이 짧아 구원하지 못하심도 아니요 귀가 둔하여 듣지 못하심도 아니라 오직 너희 죄악이 너희와 너희 하나님 사이를 갈라놓았고 너희 죄가 그의 얼굴을 가리어서 너희에게서 듣지 않으시게 함이니라(사 59:1-2)
>
> 예루살렘아 예루살렘아 선지자들을 죽이고 네게 파송된 자들을 돌로 치는 자여 암탉이 제 새끼를 날개 아래에 모음 같이 내가 너희의 자녀를 모으려 한 일이 몇 번이냐 그러나 너희가 원하지 아니하였도다 보라 너희 집이 황폐하여 버린 바 되리라 내가 너희에게 이르노니 너희가 주의 이름으로 오시는 이를 찬송하리로다 할 때까지는 나를 보지 못하리라 하시니라 (눅 13:34-35)

> 가까이 오사 성을 보시고 우시며 이르시되 너도 오늘 평화에
> 관한 일을 알았더라면 좋을 뻔 하였거니와 지금 네 눈에 숨겨
> 졌도다 날이 이를지라 네 원수들이 토둔을 쌓고 너를 둘러 사
> 면으로 가두고 또 너와 및 그 가운데 있는 네 자식들을 땅에
> 메어치며 돌 하나도 돌 위에 남기지 아니하리니 이는 네가 보
> 살핌 받는 날을 알지 못함을 인함이니라 (눅 19:41-44)

- **우리의 메시지는 무엇이어야 하는가?**

그러므로 우리의 메시지는 '은혜와 진리가(요 1:17) 제대로 균형 잡힌 것'이 되어야 한다. 하나님의 갈망은 멸망시키는 것이 아니라 구원이다. 그리스도인들이 전하는 복음은—예수님의 성육신, 십자가에 못 박히심, 그리고 부활하심에 덧붙여—항상 2가지의 중요한 메시지를 담고 있다. 그것은 죄에 대한 회개와 회개하는 자에게 베풀어 주시는 은혜이다. 그리스도는 건강한 자가 아니라 병자들을 위해 오셨고, 의인이 아니라 잃어버린 죄인들을 찾아내어 구원해 주시려고 오셨다.

> 하나님이 세상을 이처럼 사랑하사 독생자를 주셨으니 이는 그
> 를 믿는 자마다 멸망하지 않고 영생을 얻게 하려 하심이라 하
> 나님이 그 아들을 세상에 보내신 것은 세상을 심판하려 하심
> 이 아니요 그로 말미암아 세상이 구원을 받게 하려 하심이라
> (요 3:16-17)

은혜의 복음을 전하는 이유는 죄의 귀결에 대해 무지하기 때문이 아니다. 우리가 믿는 것은 오직 하나님의 자비하신 마음뿐이다. 하나님은 우리를 고쳐 주기 원하신다. "내 이름으로 일컫는

내 백성이 그들의 악한 길에서 떠나 스스로 낮추고 기도하여 내 얼굴을 찾으면 내가 하늘에서 듣고 그들의 죄를 사하고 그들의 땅을 고칠지라"(대하 7:14). 우리 하나님은 인자와 긍휼이 풍성하신 분이기 때문이다. "그러나 주여 주는 긍휼히 여기시며 은혜를 베푸시며 노하기를 더디 하시며 인자와 진실이 풍성하신 하나님이시오니"(시 86:15). 그리고 하나님은 심판을 선고하시는 순간에도 슬프고 안타까운 마음으로 우시는 분이다.

> 가까이 오사 성을 보시고 우시며 이르시되 너도 오늘 평화에 관한 일을 알았더라면 좋을 뻔 하였거니와 지금 네 눈에 숨겨졌도다 날이 이를지라 네 원수들이 토둔을 쌓고 너를 둘러 사면으로 가두고 또 너와 및 그 가운데 있는 네 자식들을 땅에 메어치며 돌 하나도 돌 위에 남기지 아니하리니 이는 네가 보살핌 받는 날을 알지 못함을 인함이니라(눅 19:41-44)

성경은 분명하게 우리 하나님은 악인이라도 멸망 받는 것을 기뻐하시지 않는 분이라고 말씀한다. "주 여호와의 말씀이니라 내가 어찌 악인이 죽는 것을 조금인들 기뻐하랴 그가 돌이켜 그 길에서 떠나 사는 것을 어찌 기뻐하지 아니하겠느냐"(겔 18:23). 그래서 하나님은 악인을 위해 중보할 중보기도자들을 찾으신다. "이 땅을 위하여 성을 쌓으며 성 무너진 데를 막아서서 나로 하여금 멸하지 못하게 할 사람을 내가 그 가운데에서 찾다가 찾지 못하였으므로"(겔 22:30).

하나님은 기생 라합도 용서해 주셨다. 뿐만 아니라, 이스라엘의 왕 다윗의 고조모가 되는 위대한 계획을 보여 주시고, 예수님의 직계 조상이 되는 영광도 허락하셨다. 하나님은 소돔 같은 도시도 구원해 주고 싶으셨다. 또 니느웨 같은 죄악의 도시도 회개하였을 때, 심판하지 않고 그대로 두셨다. 많은 경우에 하나님은 중보자들을 찾으시지만, 그들을 발견하지 못하여 사람들을 구원할 수 없을 때도 많았다(겔 22:30-31).

물론 우리의 메시지는 죄인들이 회개하는 것이다. 우리는 불의와 타협하는 행동은 할 수 없다. 그러나 그것보다 더 중요한 진실은, 하나님은 우리를 불쌍히 여기시며, 인자와 긍휼로 다루시고, 은혜 베풀기를 기뻐하시는 분이라는 것이다. "만군의 여호와가 이르노라 너희 조상들의 날로부터 너희가 나의 규례를 떠나 지키지 아니하였도다 그런즉 내게로 돌아오라 그리하면 나도 너희에게로 돌아가리라 하였더니 너희가 이르기를 우리가 어떻게 하여야 돌아가리이까 하는도다"(말 3:7). 그러므로 우리의 메시지는 늘 희망으로 가득하다. 회개하고 돌아오기만 하면 치유와 회복이 있을 것이다.

• 우리의 태도는 어떠해야 하는가?

그러므로 너무 서둘러서 심판을 선언하기보다는 불쌍히 여기는 마음으로 함께 애통하는 태도를 보여야 한다. 예레미야나 예수 그리스도의 경우처럼 말이다(렘 1:16, 2:11, 3:48-49, 눅 19:41-44). 세상은 하나님을 믿는 사람들의 태도를 주시하고 있다. 예를 들어, 에이즈 환자나 동성애자가 병에 걸려 죽어 가는 것을 보는 그리스도인들은, 무감각하든지 아니면 잘난 체하며 좋아하는 태도를 보이기도 한다. 사단은 세상 사람들의 눈앞에 교회나 그리스도의 모습을 곡해하는(비꼬는) 데 명수이다. 우리는 사단-마귀보다 더 지혜로워야 한다. 그래서 죄인을 사랑하시는 하나님이 우리가 믿는 참된 하나님임을 분명히 보여 줄 필요가 있다. 뿐만 아니라, 우리는 국가의 상태에 대해서도 책임이 있다.

- 미성숙한 지도자나, 심지어 준비되지 않은 예언자들이 국가를 회개하게 한다면서 사람들을 가혹하게 비난하며 그들의 죄를 지적하는 경우가 있다. 그러나 그러한 언어폭력은 믿지 않는 자들을 도리어 하나님으로부터 멀어지게 할 뿐이다.
- 반면, 목회자나 돌보는 사람들은 자비와 은혜만을 일방적으로 강조하는 경우가 있다. 그래서 잘못에 대해 책임을 져야 하는 부분을 간과하기도 한다.
- 오늘날 미국 교회는 "복음이 나에게 무슨 이득을 주나?"라는 것만 설교하지, 십자가를 지고 목숨을 버리는 것에 관하여는 설교하지 않는다. 그래서 예수님의 몸인 교회에 미지근한 신앙과 온갖 타협만 난무하고 있다.
- 대부분의 교회는 가난한 자들을 돌보고 상처 입은 자들을 치유하는 일에 실패하고 있다. 희생적으로 봉사하는 박애정신이 전반적으로 부족하다.
- 교회에서는 미국의 문제가 물질 만능주의, 돈을 사랑함, 그리고 탐욕이라고 나팔을 불어 대고 있지만, 실제로 교회를 다니는 사람들 중에 십일조를 드리는 사람은 20%도 안 되며 감사헌금조차 제대로 드리지 않고 있다.
- 잃어버린 자들과 정부의 지도자들을 위해 간절하게 기도하지 않는다.

믿는 자들의 집부터 심판이 시작된다는 것을 기억한다면(벧전 4:17), 우리의 회개에 다른 사람들까지 끌어들여야 할 것이다.

야곱의 사다리

9월 11에 미국 전역이 비애와 슬픔에 잠겼다는 것은 누구나 다 아는 사실이다. 전 세계의 많은 사람들이 우리의 비통함에 동참하였다. 2002년 3월에 미국은 그 비극을 '회상' 하면서, 침묵의 기도를 올렸다. 쌍둥이 빌딩이 서 있던 곳에 2개의 불빛이 하늘로 쏘아 올려졌다.

빌 얀트는 이렇게 적었다.

3월 11일, 쌍둥이 빌딩을 상징하는 2개의 불빛이 어둠 속에서 하늘로 밝혀졌을 때, 나는 하늘로부터 "우르르"하는 소리를 들었다. 마치 하늘이 뉴욕시의 절규와 갈망을 듣는 것 같았다. 아마 하늘 입구에서도 그 불빛을 감지할 수 있었으리라. 나는 천사가 마치 "야곱의 사다리를 타고 내려오듯이" 그 불빛 위로 내려앉는 환상을 보았다. 천사는 하늘 문이 열리고 하늘의 축복이 쏟아져 내리는 것을 기다리는 것처럼 잠시 거기에 머물렀다. 나는 하나님께서 그 천사에게 지시하시는 음성을 들었다. "이 불빛은 나에게 도달하고자 하는 사람들의 갈망을 상징한다. 그들은 어둠 속에서 '희망의 불빛' 을 찾고 있다. 이제 우리가 내려가자." 천사들이 하늘에서 내려올 때, 세계무역센터 빌딩은 꼭대기에서부터 바닥에 이르기까지 환한 빛에 감싸였다. 나는 그 천사들이 다름 아닌 2001년에 죽어 가는 생명을 구조하다가 희생당한 사람들을 도와주고, 피해자들의 영혼도 돌봐주었던 바로 그 천사들임을 직감할 수 있었다. 이제 그 천사들이 유가족들을 위로하고 희망을 불어넣어 주는 역할을 감당하기 위하여 한 번 더 내려오는 모습이 보였다(히 1:14). "모든 천사들은 섬기는 영으로서 구원받을 상속자들을 위하여 섬기라고 보내심이 아니냐?" 이 천사들에게는 확실한 사명이 주어졌는데, 그것은 이 땅의 절망에 맞서 투쟁하며, 희망의 왕이신 예수님께 사람들을 인도하는 것이었다. 그때 하나님께서 이사야 60장 말씀을 그리스도인들에게 전하시는 것을 들을 수 있었다.

일어나라 빛을 발하라 이는 네 빛이 이르렀고 여호와의 영광이 네 위에 임하였음이니라 보라 어둠이 땅을 덮을 것이며 캄캄함이 만민을 가리려니와 오직 여호와께서 네 위에 임하실 것이며 그의 영광이 네 위에 나타나리니 나라들은 네 빛으로 왕들은 비치는 네 광명으로 나아오리라(사 60:1-3)

그분의 얼굴에 나타난 영광의 광채

세상이 어둡고
그림자가 너무 깊을 때
높은 벽이 앞을 가로막고 있다 할지라도
우리는 전진할 수 있네
그분의 얼굴의 광채 안에서

건물은 무너지고
두려움에 사로잡히며
악한 자의 행위가 창궐할지라도
우리는 그분의 계획대로 따라갈 수 있네
그분의 얼굴의 광채로 인하여

조류가 바뀌니 우리가 압도할 차례인가
약속의 땅으로 전진할 때
우는 사자같이 덤벼들던 자들도
이제는 뒤로 물러서야 하리
그분의 얼굴의 광채 아래에서

중보기도자들이여 일어나라
하나로 뭉쳐라
젊음의 파도가 강렬하게 몰아칠 때
모든 믿는 자들이여 휩쓰는 조류를 타고 몰려들어
강한 자를 결박하고 지옥을 약탈하라
그분의 얼굴의 광채의 힘을 입어

하나님의 교회 그리스도의 몸은 승리하리라
그분의 사랑의 능력으로 충만케 되어
지구를 정복하며
온 땅을 덮으리니
그분의 얼굴의 광채가 가득하리라

순전한 나드 도서 안내

02-574-6702 www.purenard.co.kr

도서명	저자	정가
존 비비어의 승리〈개정판〉	존 비비어	12,000
교회를 뒤흔드는 악령을 대적하라	프랜시스 프랜지팬	5,000
교회를 어지럽히는 험담의 악령을 추방하라	프랜시스 프랜지팬	5,000
그리스도인의 삶의 비결〈개정판〉	진 에드워드	9,000
존 비비어의 친밀감〈개정판〉	존 비비어	14,000
내 백성을 자유케 하라	허 철	10,000
내게 신선한 기름을 부으셨나이다	허 철	9,000
내어드림	페늘롱	7,000
더 넓게 더 깊게	메릴린 앤드레스	13,000
마켓플레이스 크리스천〈개정판〉	로버트 프레이저	9,000
존 비비어의 축복의 통로〈개정판〉	존 비비어	8,000
부서트리고 무너트리는 기름 부으심	바바라 J. 요더	8,000
사도적 사역	릭 조이너	12,000
사사기	잔느 귀용	7,000
상한 마음을 치유하는 기도	마크 & 패티 버클러	15,000
상한 영의 치유1	존 & 폴라 샌드포드	17,000
상한 영의 치유2	존 & 폴라 샌드포드	13,000
성령님을 아는 놀라운 지식	허 철	10,000
속사람의 변화 1	존 & 폴라 샌드포드	11,000
속사람의 변화 2	존 & 폴라 샌드포드	13,000
신부의 중보기도	게리 윈스	11,000
아가서	잔느 귀용	11,000
악의 속박으로부터의 자유	릭 조이너	9,000
어머니의 소명	리사 하텔	12,000
여정의 시작	릭 조이너	13,000
영광스러운 교회에 보내는 메시지 1	릭 조이너	10,000
영분별	프랜시스 프랜지팬	3,500
영적 전투의 세 영역〈개정판〉	프랜시스 프랜지팬	11,000
예레미야	잔느 귀용	6,000
예수 그리스도와의 친밀함	잔느 귀용	7,000
예수님을 닮은 삶의 능력〈개정판〉	프랜시스 프랜지팬	12,000
예수님을 향한 열정〈개정판〉	마이크 비클	12,000
잔느 귀용의 요한계시록〈개정판〉	잔느 귀용	13,000
인간의 7가지 갈망하는 마음	마이크 비클 & 데보라 히버트	11,000
저주에서 축복으로	데릭 프린스	6,000
주님, 내 마음을 열어주소서	캐티 오츠 & 로버트 폴 램	9,000
지구상에서 가장 강력한 기도	피터 호로빈	7,500
축사사역과 내적치유의 이해 가이드	존 & 마크 샌드포드	20,000
출애굽기	잔느 귀용	10,000
하나님과 동행하는 사람들〈개정판〉	샨 볼츠	9,000
하나님과 사람에게 더욱 사랑스러운 자	듀안 벤더 클럭	10,000
하나님과의 연합	잔느 귀용	7,000
하나님을 연인으로 사랑하는 즐거움	마이크 비클	13,000

PURE NARD BOOKS

No.	도서명	저자	정가
44	하나님 마음에 합한 사람	마이크 비클	13,000
45	하나님의 아름다움을 바라보는 축복	허 철	10,000
46	하나님의 요새〈개정판〉	프랜시스 프랜지팬	9,000
47	하나님의 장군의 일기〈개정판〉	잔 G. 레이크	6,000
48	항상 배가하는 믿음〈개정판〉	스미스 위글스워스	13,000
49	항상 부족함이 없으리로다	롤랜드 & 하이디 베이커	8,000
50	혼동으로부터의 자유	릭 조이너	5,000
51	혼의 묶임을 파쇄하라	빌 & 수 뱅크스	10,000
52	존 비비어의 회개〈개정판〉	존 비비어	11,000
53	횃불과 검	릭 조이너	8,000
54	금식이 주는 축복	마이크 비클 & 다나 캔들러	12,000
55	부활	벤 R. 피터스	8,000
56	거절의 상처를 치유하시는 하나님	데릭 프린스	6,000
57	존 비비어의 분별력〈개정판〉	존 비비어	13,000
58	통제 불능의 상황에서도 난 즐겁기만 하다	리사 비비어	12,000
59	어린이와 십대를 위한 축사사역	빌 뱅크스	11,000
60	빛은 어둠 속에 있다	패트리샤 킹	10,000
61	목적으로 나아가는 길	드보라 조이너 존슨	8,000
62	컴 투 파파	게리 웬스	13,000
63	러쉬 아워	슈프레자 싯홀	9,000
64	지도자의 넘어짐과 회복	웨이드 굿데일	12,000
65	하나님의 일곱 영	키이스 밀러	13,000
66	너희 지체를 의의 병기로 하나님께 드리라	허 철	8,000
67	추수의 비전	릭 조이너	8,000
68	하나님의 집	프랜시스 프랜지팬	11,000
69	도시를 변화시키는 전략적 중보기도	밥 하트리	8,000
70	왕의 자녀의 초자연적인 삶	빌 존슨 & 크리스 밸러턴	13,000
71	언약기도의 능력	프랜시스 프랜지팬	8,000
72	믿음으로 산 증인들	허 철	12,000
73	욥기	잔느 귀용	13,000
74	나라를 변화시킨 비전: 윌리엄 테넌트의 영적인 유산	존 한센	8,000
75	세상을 다스리는 권세의 회복	레베카 그린우드	10,000
76	창세기 주석	잔느 귀용	12,000
77	하나님의 강	더치 쉬츠	13,000
78	당신의 운명을 장악하라	알렌 키란	13,000
79	자살	로렌 타운젠드	10,000
80	레위기 · 민수기 · 신명기 주석	잔느 귀용	12,000
81	그리스도인의 영적혁명	패트리샤 킹	11,000
82	초자연적 중보기도	레이첼 힉슨	13,000
83	나는 하나님의 음성을 듣는다	킴 클레멘트	11,000
84	하나님의 초자연적인 능력	바비 코너	11,000
85	거룩과 진리와 하나님의 임재	프랜시스 프랜지팬	9,000
86	사랑하는 하나님	마이크 비클	15,000

PURE NARD BOOKS

No.	도서명	저자	정가
87	일곱 교회 이기는 자에게 주시는 축복	허 철	9,000
88	일터에 영광이 회복되다	리차드 플레밍	12,000
89	초자연적 경험의 신비	짐 골 & 줄리아 로렌	13,000
90	웃겨야 살아난다	피터 와그너	8,000
91	폭풍의 전사	마헤쉬 & 보니 차브다	13,000
92	천국 보좌로부터 온 전략	샌디 프리드	11,000
93	영향력	윌리엄 L. 포드 3세	11,000
94	속죄	데릭 프린스	13,000
95	신의 성품에 참예하는 자	허 철	8,000
96	예언, 꿈, 그리고 전도	덕 애디슨	13,000
97	아가페, 사랑의 길	밥 멈포드	13,000
98	불타오르는 사랑	스티브 해리슨	12,000
99	그 이상을 갈망하라!	랜디 클락	13,000
100	능력, 성결, 그리고 전도	랜디 클락	13,000
101	종교의 영	토미 펨라이트	11,000
102	예기치 못한 사랑	스티브 J. 힐	10,000
103	모르드개의 통곡	로버트 스턴스	13,500
104	1세기 교회사	릭 조이너	12,000
105	예수님의 얼굴〈개정판〉	데이비드 E. 테일러	13,000
106	토기장이 하나님	마크 핸비	8,000
107	존중의 문화〈개정판〉	대니 실크	13,000
108	제발 좀 성장하라!	데이비드 레이브힐	11,000
109	정치의 영	파이살 말릭	12,000
110	이기는 자의 기름 부으심	바바라 J. 요더	12,000
111	치유 사역 훈련 지침서	랜디 클락	12,000
112	헤븐	데이비드 E. 테일러	13,000
113	더 크라이	키스 허드슨	11,000
114	천국 여행	리타 베넷	14,000
115	파수 기도의 숨은 능력	마헤쉬 & 보니 차브다	13,000
116	지저스 컬처	배닝 립스처	12,000
117	넘치는 기름부음	허 철	10,000
118	거룩한 대면	그래함 쿡	23,000
119	선지자 학교	조나단 웰튼	12,000
120	믿음을 넘어선 기적	데이브 헤스	10,000
121	꿈 상징 사전	조 이보지	8,000
122	삶을 변화시키는 성령의 권능	스티븐 브룩스	11,000
123	영적 전쟁의 일곱 영	제임스 A. 더함	13,000
124	영적 전쟁의 승리	제임스 A. 더함	13,000
125	기적의 방을 만들라	마헤쉬 & 보니 차브다	12,000
126	개인적 예언자	미키 로빈슨	13,000
127	어둠의 영을 축사하라	짐 골	13,000
128	보좌를 향하여	폴 빌하이머	10,000
129	적그리스도의 영을 정복하라	샌디 프리드	13,000

PURE NARD BOOKS

No.	도서명	저자	정가
130	성령님 알기	마헤쉬 & 보니 차브다	12,000
131	십자가의 권능	마헤쉬 & 보니 차브다	13,000
132	성령이 이끄시는 성공	대니 존슨	13,000
133	축복의 능력	케리 커크우드	13,000
134	하나님의 호흡	래리 랜돌프	11,000
135	아름다운 상처	룩 훌터	11,000
136	하나님의 길	덕 애디슨	13,000
137	천국 체험	주디 프랭클린 & 베니 존슨	12,000
138	당신의 사명을 깨우라	M. K. 코미	11,000
139	기독교의 유혹	질 섀넌	25,000
140	우리가 몰랐던 천국의 자녀양육법	대니 실크	12,000
141	임재의 능력	매트 소거	12,000
142	예수의 책	마이클 코울리아노스	13,000
143	신앙의 기초 세우기	래리 크레이더	13,000
144	내 인생을 바꿔 줄 최고의 여행	제이 스튜어트	12,000
145	시간 & 영원	조슈아 밀즈	10,000
146	거룩한 흐름, 분위기	조슈아 밀즈	10,000
147	하이디 베이커의 사랑	하이디 & 롤랜드 베이커	13,000
148	하나님의 임재	빌 존슨	13,000
149	영광의 사역	제프 젠슨	12,000
150	초자연적 기름부음	줄리아 로렌	12,000
151	하나님의 갈망	제임스 A. 더함	14,000
152	형통의 문을 여는 31가지 선포기도	케빈 & 캐티 바스코니	5,000
153	임박한 하나님의 때	R. 로렌 샌드포드	13,000
154	하나님을 향한 울부짖음	바바라 J. 요더	12,000
155	춤추는 하나님의 손	제임스 말로니	37,000
156	참소자를 잠잠케 하라	샌디 프리드	13,000
157	영광이란 무엇인가?	폴 맨워링	14,000
158	내일의 기름부음	R. T. 켄달	13,000
159	영적 전투를 위한 전신갑주	크리스 밸러턴	12,000
160	성령을 소멸치 않는 삶	R. T. 켄달	13,000
161	초자연적인 삶	아담 F. 톰슨	10,000
162	한계를 돌파하라	샌디 프리드	13,000
163	블러드문	마크 빌츠	11,000
164	마지막 부흥을 위하여	시드 로스	10,000
165	구약에서 일어난 모든 일들	윌리엄 H. 마티	13,000
166	신약에서 일어난 모든 일들	윌리엄 H. 마티	11,000
167	드보라 군대	제인 해몬	14,000
168	거룩한 불	R. T. 켄달	13,000
169	기적 안에 걷는 삶	캐더린 로날라	12,000
170	당신의 자녀를 향한 하나님의 65가지 약속	마이크 슈리브	8,000
171	무슬림 소녀, 예수님을 만나다	사마 하비브 & 보디 타이니	13,000
172	스미스 위글스워스의 병 고침〈개정판〉	스미스 위글스워스	12,000

PURE NARD BOOKS

No.	도서명	저자	정가
173	뇌의 스위치를 켜라	캐롤라인 리프	13,000
174	약속된 시간	제임스 A. 더함	13,000
175	실패를 딛고 일어서는 믿음	샌디 프리드	12,000
176	스미스 위글스워스의 성령의 은사〈개정판〉	스미스 위글스워스	13,000
177	끝날 때까지 끝난 것이 아니다	R. T. 켄달	15,000
178	완전한 기억	마이클 A. 댄포스	10,000
179	금촛대 중보자들 1	제임스 말로니	15,000
180	마지막 때와 이슬람	조엘 리차드슨	15,000
181	질투	R. T. 켄달	14,000
182	사탄의 전략	페리 스톤	14,000
183	죽음에서 생명으로	라인하르트 본케	12,000
184	금촛대 중보자들 2	제임스 말로니	13,000
185	금촛대 중보자들 3	제임스 말로니	13,000
186	올바른 생각의 힘	케리 커크우드	12,000
187	부흥의 거장들	빌 존슨 & 제니퍼 미스코브	25,000
188	악의 삼겹줄을 파쇄하라〈개정판〉	샌디 프리드	12,000
189	지옥의 실체와 하나님의 열심	메리 캐서린 백스터	12,000
190	문지기들이여 일어나라	제임스 A. 더함	15,000
191	안식년의 비밀	조나단 칸	15,000
192	교회를 깨우는 한밤의 외침	R. T. 켄달	15,000
193	하나님의 시간표	마크 빌츠	12,000
194	사랑의 통역사	샨 볼츠	12,000
195	예루살렘의 평화를 위해 기도하라	탐 헤스	13,000
196	마이크 비클의 기도	마이크 비클	25,000
197	유대적 관점으로 본 룻기	다이앤 A. 맥닐	13,000
198	폭풍을 향해 노래하라	디모데 D. 존슨	13,000
199	세미한 하나님의 음성을 듣는 방법	스티브 샘슨	12,000
200	영광의 세대	브루스 D. 알렌	15,000
201	영적 분위기를 바꾸라	다우나 드 실바	12,000
202	하나님을 홀로 두지 말라	행크 쿠네만	14,000
203	하나님이 디자인하신 완전한 나	캐롤라인 리프	20,000
204	대적의 문을 취하라〈개정증보판〉	신디 제이콥스	15,000
205	R. T. 켄달의 임재	R. T. 켄달	13,000

PURE  NARD